LES
SINISTRES DE MER

RENDUS DIX FOIS MOINS FRÉQUENTS

PAR L'EMPLOI

D'UN SYSTÈME DE SAUVETAGE ENTIÈREMENT NOUVEAU,

APPLICABLE

À tous les bâtiments pontés de la marine, du commerce et de l'Etat,

SANS AUCUN CHANGEMENT DE CONSTRUCTION;

COMPRENANT LES MOYENS :

1° De rendre les navires insubmersibles, malgré l'établissement d'une voie d'eau, quelle que soit du reste sa grandeur ; avec 10,000 fois au moins l'économie de travail sur tous les moyens connus jusqu'à ce jour ;

2° De retirer les navires coulés dans des hauts fonds (deux hommes travaillant pendant deux heures peuvent remettre à flot un vaisseau de 120 canons avec tout son matériel) ;

3° D'empêcher un navire de se briser à la côte, et de le sauver ;

4° D'empêcher un bâtiment de sombrer ;

5° D'éteindre l'incendie qui se déclare dans la cale ;

6° De faire disparaître à bord la plupart des épidémies, par conséquent possibilité de supprimer les quarantaines.

Ouvrage mis à la portée de tout le monde,

PAR LE Dᵉ **F. BREVARD.**

PRIX : 3 fr. 50, RENDU FRANCO A DOMICILE.

Adresser les demandes à Prudhomme, imprimeur à Grenoble. — Joindre à la lettre un bon de poste ou des timbre-poste.

GRENOBLE,
IMPRIMERIE DE PRUDHOMME,
Rue Lafayette, 14.

1860.

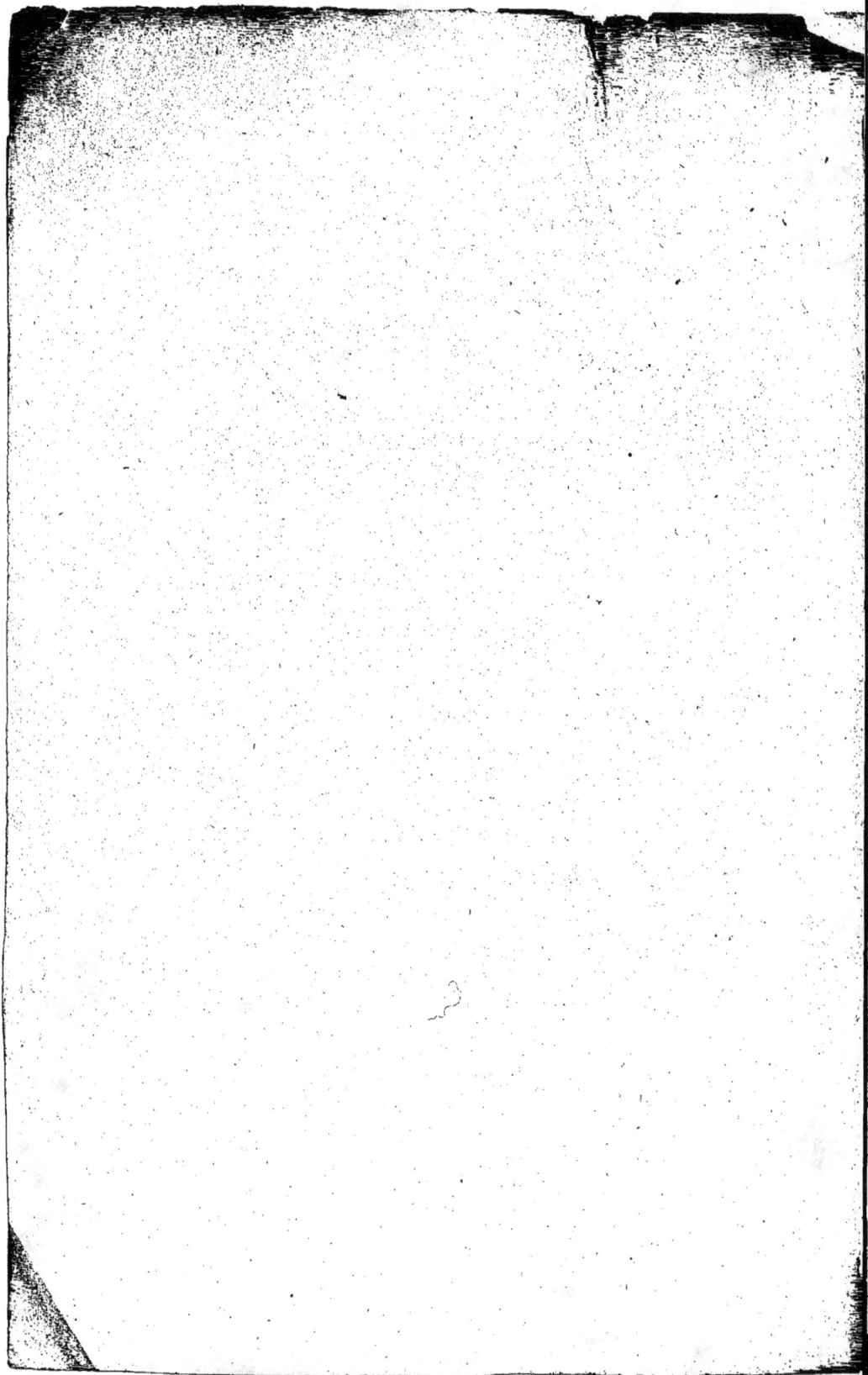

LES
SINISTRES DE MER

RENDUS DIX FOIS MOINS FRÉQUENTS

PAR L'EMPLOI

D'UN SYSTÈME DE SAUVETAGE ENTIÈREMENT NOUVEAU,

APPLICABLE

à tous les bâtiments pontés de la marine, du commerce et de l'Etat,

SANS AUCUN CHANGEMENT DE CONSTRUCTION;

COMPRENANT LES MOYENS :

1º De rendre les navires insubmersibles, malgré l'établissement d'une voie d'eau, quelle que soit du reste sa grandeur ; avec 10,000 fois au moins l'économie de travail sur tous les moyens connus jusqu'à ce jour ;

2º De retirer les navires coulés dans des hauts fonds (deux hommes travaillant pendant deux heures peuvent remettre à flot un vaisseau de 120 canons avec tout son matériel);

3º D'empêcher un navire de se briser à la côte, et de le sauver ;

4º D'empêcher un bâtiment de sombrer ;

5º D'éteindre l'incendie qui se déclare dans la cale ;

6º De faire disparaître à bord la plupart des épidémies, par conséquent possibilité de supprimer les quarantaines.

Ouvrage mis à la portée de tout le monde,

PAR LE Dʳ **F. BREVARD.**

GRENOBLE,

IMPRIMERIE DE PRUDHOMME,

Rue Lafayette, 14.

1860.

C.

PRÉFACE.

Dans un temps où les sinistres de mer sont si nombreux, on nous saura gré, nous le croyons, d'avoir entrepris la tâche difficile de réduire leur nombre.

Ne pouvant nous résoudre à garder plus longtemps le silence en face des douloureux évènements dont le drame afflige trop souvent la pauvre humanité, nous nous sommes résigné à produire un peu prématurément le résultat important d'une de ces découvertes qui, nous osons le croire, prendra un rang fort honorable parmi celles dont le siècle a le droit de s'enorgueillir à juste titre.

N'est-ce rien, en effet, de conserver à un grand nombre d'hommes la fortune et la vie? Ce résultat sera obtenu sûrement; aussi sommes-nous heureux de pouvoir annoncer cette bonne nouvelle avec cette confiance exempt d'enthousiasme, qui est l'égide de ceux qui savent qu'ils marchent dans le chemin de la vérité.

Dans ce travail que nous publions, nous prions le public de s'attacher beaucoup plus au fond qu'à la forme, de nous pardonner, par conséquent, dans nos descriptions, l'emploi d'un style peu relevé. La simplicité, la clarté dans le langage, sont les qualités que nous avons dû rechercher de préférence pour conduire plus facilement le lecteur à la connaissance de notre système de sauvetage.

Dans l'exposé scientifique des différentes lois qu'il est utile de connaître, nous n'avons pas suivi de méthode fixe, ni cette marche didactique ordinairement si sèche, si aride et si sujette à effrayer le lecteur. Nous nous contenterons de puiser dans ces lois, les données propres à nous conduire à la solution générale des questions que nous voulons traiter. La science marche toujours, mais tous les hommes ne sont pas au courant des progrès scientifiques; si bien qu'à notre point de vue nous préférons annoncer des résultats qui ne sont pas entièrement vrais, par suite des découvertes récentes qui les ont sensiblement modifiés et qui nous suffisent, plutôt que de les donner tels qu'ils sont si l'explication en est longue et méticuleuse. Donc, si les résultats approximatifs nous paraissent suffisants pour convaincre, et qu'ils entraînent à moins de démonstrations, nous nous en servirons, parce qu'ils seront moins difficiles à expliquer, et que partant ils rebutent moins le lecteur. Nous n'oublions pas que nous écrivons pour l'intelligence de tous; par conséquent, il importe et il suffit même que nous nous fassions comprendre.

Ce travail s'adresse plutôt à l'industrie et au commerce qu'à la science, quoiqu'il soit destiné à en faire connaître quelques nouvelles applications pratiques ; nous aimons mieux faire voir et palper, que de démontrer rigoureusement, car nous nous adressons aux marins, aux capitalistes, aux hommes désireux de connaître les nouvelles découvertes utiles à l'humanité. Le savant, quand il rencontre ce qu'il a vu cent fois dans un livre, s'empresse de tourner les feuillets jusqu'à ce que quelque chose de nouveau se présente à son attention. Qu'il nous juge avec les lois exactes, nous ne demandons pas mieux ; pour lui, en effet, il suffirait d'énoncer les lois pour le rendre de suite juge compétent, qu'il voie notre intention, et qu'il ne soit pas assez égoïste pour nous jeter du mépris parce que nous aurons écrit pour d'autres que pour lui.

Nous sommes par conséquent bien loin d'avoir la prétention de croire que nous avons dit le dernier mot sur la matière. Nous le répétons, nous avons élagué tous les grands mots scientifiques et toutes les données exactes dont l'examen est minutieux ; nous pensons que le lecteur, qui nous lira par intérêt ou par passe-temps, nous saura gré de lui épargner l'ennui de s'endormir sur les feuillets, et de voir notre petit volume se couvrir de couches successives de poussière.

Il ne faudrait pas cependant croire, d'après ce que nous avons dit plus haut, que nous avons omis les éléments des lois difficiles à saisir ; il n'en est rien : les données que nous fournissons sont très-suffisantes ; seulement, nous avons cru devoir nous adresser à l'intelligence native et au bon sens, qui sont souvent de fort bons juges.

Pour nous, toute la question se borne à ceci : notre système est-il vrai ou faux, irréalisable ou applicable, possible ou impossible ? Nous nous estimerons heureux, si nous pouvons obtenir les suffrages approbateurs du public, après qu'il aura pris connaissance de nos arguments et de nos preuves.

LES

SINISTRES DE MER

RENDUS DIX FOIS MOINS FRÉQUENTS.

L'ÉTUDE des phases et des développements successifs par lesquels a dû passer l'art de la navigation, pour arriver depuis les temps reculés jusqu'au perfectionnement actuel, aurait sans doute un attrait puissant, mais l'impossibilité de recueillir les renseignements suffisants pour ce travail, nous laisse dans l'ignorance la plus absolue au sujet des premiers essais tentés par l'homme, pour se frayer une route sur les eaux.

L'état de la société dans les temps antiques nous ayant été révélé plutôt par des fictions allégoriques que par l'histoire, un voile impénétrable couvrira éternellement de son obscurité cette nuit du passé. C'est donc par synthèse qu'on doit procéder, si on désire posséder quelques notions exactes sur l'origine de l'art nautique, et sur son évolution ascendante dans la série des âges qui se sont succédé, pendant cette période de siècles désignés sous le nom de temps héroïques ou fabuleux.

Nous livrer à cet examen, ce serait sortir des limites que nous nous sommes assignées, pour nous lancer sans profit dans le champ trop vaste des hypothèses ; aussi ne ferons-nous qu'effleurer la matière.

L'homme, dirons-nous, germe à peine sorti des langes de la dernière création, déposé sur la terre sans instinct pour le guider dans le chemin de la vie, dénué de tout, n'ayant pour toute ressource que cette vivifiante étincelle qui anime son corps et qu'on nomme la pensée, dut, dans le principe, appliquer toutes les forces de son intelligence à se procurer les choses nécessaires au maintien de sa conservation, et chercher à se prémunir contre les dangers de toute sorte qui pouvaient l'assaillir. Contraint par la nécessité de donner à son génie une activité toujours croissante, à mesure qu'il triomphait des entraves que lui opposait le monde physique, il sentit s'élargir le cercle de ses besoins, et comprit que chaque conquête faite sur le monde matériel le grandissait à ses propres yeux, en lui donnant la conscience de sa force et de sa valeur personnelle.

Irrésistiblement entraîné par l'impérieux besoin de connaître, son esprit investigateur dut se livrer sans relâche à la recherche de l'inconnu, dans ce monde où tout était nouveau pour lui. La terre, qui n'avait point encore été façonnée par sa main, lui créait, dans sa marche, des obstacles sans nombre et sans fin; fatigué d'avoir à lutter sans trève contre tant de difficultés, de vaincre tant de résistances toujours renaissantes sous ses pas, il dut chercher un moyen de les tourner ou de les amoindrir.

Un phénomène de la plus haute importance était venu se présenter à son observation; il avait vu que pendant la crue des grands fleuves, des arbres déracinés étaient entraînés par les courants; de plus, il s'était assuré que le bois jouissait de la propriété de le soutenir sur l'eau, lui qui ne pouvait qu'imparfaitement parcourir de très-petites distances dans cet élément. Soudain, comme un trait de

lumière, il vit rayonner dans sa pensée la possibilité de s'ouvrir un jour un chemin sur les eaux, et
de franchir rapidement et sans peine de grandes
distances. Ce jour vit se lever l'aurore de la navigation naissante.

Après combien d'essais infructueux et de tentati-
ves avortées; après combien d'années, de siècles de
découragement et d'incertitudes, de recherches
laborieuses et d'expérimentations avares de résultats, l'homme a-t-il pu parvenir à donner à ses navires une forme convenable et appropriée au but
qu'il se proposait d'atteindre? quand et comment
est-il arrivé à les munir des divers appareils indispensables pour leur donner de la rapidité dans le
mouvement et pour les diriger? Où a-t-il puisé les
utiles renseignements qui devaient le guider dans
cette entreprise difficile?

Cette création est-elle sortie de son cerveau
comme l'oiseau sort de l'œuf par l'éclosion? Ou
bien la révélation lui est-elle venue des déductions,
d'une observation intelligente des phénomènes de
la nature? Ce sont des questions auxquelles il n'est
pas possible de répondre, parce que l'histoire se tait
absolument à cet égard.

Le cygne, cet oiseau élégant et majestueux, semble avoir été choisi par les anciens comme le type
le plus parfait de la forme à donner aux navires;
dans la plupart de ces derniers, le col est figuré re-
plié en courbes heureuses à la proue, se terminant
par une tête prête à se projeter en avant comme
pour saisir une proie.

L'observation des mouvements exécutés par ce
roi des eaux douces a dû amener par analogie à la
découverte des voiles, des rames et du gouvernail.

La disposition favorable des pieds palmés de cet
oiseau lui permet d'exécuter, sur le liquide dans

lequel ils plongent, un effort utile à sa locomotion par ses membranes qui s'étalent toutes les fois que le mouvement de propulsion se produit d'avant en arrière ; elles se replient au contraire pour offrir moins de résistance au milieu à déplacer quand le mouvement se fait en sens inverse : de là aux rames il n'y avait pas loin. La vue du cygne ouvrant ses ailes au vent lorsqu'il veut parcourir de grandes distances, a dû nécessairement conduire à l'idée de l'application des voiles.

En procédant toujours par analogie, les mouvements latéraux de la queue, observés, soit dans l'eau, soit dans l'air, ont été reconnus comme donnant pour résultat à volonté le changement ou le maintien de la direction dans le mouvement. Ce fait a dû amener l'homme à construire le gouvernail et à s'en servir.

Après ces découvertes fondamentales, il n'a cessé de chercher, par tous les moyens en sa puissance, à pourvoir à sa sécurité dans ses pénibles voyages de navigation, soit par des perfectionnements dans la construction, soit par des dispositions mieux entendues dans l'aménagement des navires.

Il fallait également donner aux bâtiments de plus grandes dimensions pour qu'il leur fût permis de lutter plus efficacement contre les lames et de transporter un plus grand nombre d'hommes, de marchandises et de provisions ; car les voyages d'une certaine durée ne pouvaient avoir lieu qu'à cette condition, dans un temps où les navigateurs n'avaient pour se conduire et se diriger que les étoiles et le soleil.

La fable, pour honorer l'art de la navigation, a mis au rang des demi-dieux les intrépides navigateurs qui osèrent les premiers entreprendre sur mer de lointaines expéditions ; pour peindre leur courage et donner une idée des nombreux dangers toujours prêts à menacer de frêles bâtiments, elle a composé l'équipage du navire Argo, de tous les héros que l'antiquité nous peint comme les plus hardis, les plus braves et les plus entreprenants. Parmi les argonautes figurent Jason, leur chef; Hercule, Castor, Pollux, Thésée, Pirithoüs, Céphée, Hylas, Pélée, Télamon, Orphée, etc. Quelques mots sur l'arche de Noé, sur sa construction, trouveraient ici naturellement leur place si les faits ne paraissaient pas si improbables. Comment concevoir en effet qu'une paire de tous les êtres vivants, disséminés dans les différentes contrées de la terre, aient pu être logés, vivre et se nourrir, comme le dit l'Ecriture, dans un bâtiment quelle que soit sa grandeur, pendant un an lunaire et dix jours, qui font une année solaire? Car telle fut la durée du déluge universel, selon l'Ecriture, qui enseigne qu'il commença en l'an 600 de Noé, le 17e jour du second mois, pour finir en l'an 601 de ce patriarche, le 27e jour du deuxième mois.

Les chroniques les plus anciennes attribuent aux peuples de la Phénicie la découverte de la navigation, et ce qui semble le plus confirmer cette opinion, c'est la disposition topographique admirable de ce pays qui, situé entre deux mers à peine séparées par une langue de terre, était éminemment propre à être le centre commercial par la facilité qu'il donnait à ses habitants d'échanger les produits de l'Europe, de l'Asie et de l'Afrique. Tyr, Sidon et autres villes maritimes de ce pays furent longtemps florissantes et, par leurs colonies, elles établirent leur domination sur la Méditerranée et la mer Rouge. Carthage, leur fille aînée, lutta avec avantage contre la puissance romaine et faillit la rendre sa tributaire ; c'était surtout dans sa marine que résidait la force de Carthage.

Après les Phéniciens, les Juifs eurent un instant, sous leur roi Salomon, dit le Sage, une prépondérance marquée sur les autres nations maritimes ; mais, après sa mort, la division de son royaume entraîna la ruine de la puissance maritime du peuple hébreu.

Le monde connu des anciens était probablement plus étendu que ne l'ont pensé la plupart des historiens grecs et latins.

Salomon envoyait ses flottes par la mer Rouge au pays d'Ophir. Elles partaient du port d'Aziongaber, aujourd'hui Suez, et employaient trois ans pour faire le voyage. Elles rapportaient de l'or, de l'argent, des dents d'éléphants, des singes, des paons, des perroquets, des perles, des rubis, des diamants, et une foule d'autres marchandises précieuses telles que parfums, bois de senteur, etc. Il était donc nécessaire que le pays d'Ophir produisît toutes ces richesses ou en trafiquât. Quelle était donc cette contrée, où était-elle située ? car les anciens qui ne connaissaient pas la configuration de notre globe n'avaient pas les moyens d'indiquer la position géographique d'un lieu.

Les auteurs qui ont écrit sur Ophir sont de trois opinions différentes qui se subdivisent elles-mêmes. Ceux qui prétendent qu'Ophir était en Amérique ne prennent pas garde que les Juifs n'avaient aucun moyen d'entreprendre une navigation aussi longue et aussi périlleuse, et que les richesses dont Salomon décora le temple ne se trouvent pas toutes, il s'en faut, dans le nouveau monde. Si l'Amérique a été connue des anciens, c'est par quelques navigateurs égarés, poussés par les vents vers ce continent ; mais cette découverte a dû rester stérile, parce que personne n'eût osé affronter les périls d'un voyage aussi hasardeux. Cette opinion n'a donc pas de fondament pour la terre d'Ophir.

La deuxième opinion veut qu'Ophir se trouve en Afrique, soit sur la côte orientale, soit sur l'occidentale ; qu'en longeant les côtes, doublant le Cap de Bonne Espérance, la flotte allât chercher l'ivoire et l'or au Sénégal ou en Guinée, ou sur d'autres points du littoral. Ils sont obligés de la supposer se rendant dans ces pays, pour motiver la durée de trois années employées pour ce voyage ; mais ces auteurs n'ont pas pris garde qu'on ne trouve pas des perles et autres pierres précieuses sur cette côte ; du reste rien ne prouve que ces parages ne leur fussent pas connus.

Ceux qui prétendent que l'Ophir de Salomon se trouve en Asie, paraissent être dans le vrai. Beaucoup d'auteurs s'appuient sur l'opinion de l'historien Joseph, qui dit que la flotte se rendait aux Indes, vers une terre appelée Terre d'Or. Diodore de Sicile dit que de temps immémorial, les Ethiopiens avaient un grand commerce avec les Indiens. Strabon, Pline et plusieurs autres disent que les marchands d'Alexandrie envoyaient des marchandises dans les Indes, et indiquent qu'on en rapportait de l'or, des pierres précieuses, des étoffes, etc. Le seul point qui semble entretenir la divergence d'opinions est la situation géographique d'Ophir. Peu nous importe le lieu précis ; ce qui nous intéresse, c'est de voir que la navigation, à cette époque si éloignée de nous, était déjà en voie de prospérité, et que par son aide une grande partie de la terre était connue et jouissait des bienfaits que crée le commerce.

Nous passerons sous silence toutes les autres découvertes de terres faites par les navigateurs dans des temps plus rapprochés de nous ; nous dirons seulement quelques mots de celle de l'Amérique, par Christophe Colomb, parce qu'elle a été pour le monde civilisé d'une importance capitale.

L'Amérique a-t-elle été connue des anciens? tout porte à le croire, car des hommes d'une haute valeur comme historiens affirment le fait.

Sénèque assure qu'il n'est pas impossible qu'un jour on ne découvre une terre d'une immense étendue, qui a été connue des Phéniciens et des Carthaginois. Platon, dans son Timée, introduit des prêtres égyptiens qui racontent à Solon qu'autrefois il existait, au delà des Colonnes d'Hercule, une île appelée Atlantique, plus grande que l'Asie, l'Afrique et la Lybie, et qu'elle fut submergée par une pluie extraordinaire qui dura un jour et une nuit, et par un horrible tremblement de terre. Ils parlent à Solon de leurs rois, de leur puissance et de leurs conquêtes. Platon appelle ces choses extraordinaires et merveilleuses, et cependant, quand il invente, il a soin de dire que c'est une fable. Crantor, qui le premier a interprété Platon, assure que l'histoire en est véritable. Origène, Proclus, sont du même avis, et ce dernier ajoute qu'un historien d'Ethiopie a écrit les mêmes choses. Diodore de Sicile rapporte que des Phéniciens, ayant passé les Colonnes d'Hercule, furent assaillis par des vents contraires très-forts et poussés vers des terres fort éloignées de l'Afrique, qu'ils abordèrent dans une île très-fertile, arrosée par de grands fleuves navigables; qu'elle était située à l'opposite de l'Afrique, ce qui ne peut s'appliquer qu'à l'Amérique.

D'autres indices de l'existence d'une terre habitée se montraient parfois, car on trouvait sur les côtes de l'Océan des épaves de navires, des morceaux de bois façonnés et sculptés, qui ne pouvaient évidemment provenir que d'un pays inconnu, parce que dans la terre habitable connue on ne trouvait nulle part les matières dont elles étaient formées, aussi bien que les figures originales que la sculpture y avait représentées.

Christophe Colomb, Gênois d'origine, après s'être
instruit dans l'étude de la géographie, visita atten-
tivement les différents Musées maritimes et recueil-
lit les dessins de toutes ces pièces curieuses qui pouvaient le confirmer dans l'idée qu'il avait de l'existence de terres lointaines. Profondément pénétré de
la croyance qu'il avait de la rotondité de la terre,
il n'ignorait pas l'opinion des auteurs qui avaient écrit
sur les terres situées dans l'Océan. C'est avec toutes
ces idées pour preuves qu'il offrit ses services à divers princes pour reconnaître ces pays. Mais la plupart n'étant pas convaincus, d'autres demeurant dans
l'indécision, il fut contraint de rester assez longtemps sans mettre son projet à exécution. Ferdinand
et Isabelle l'écoutèrent plus favorablement et mirent
à sa disposition trois vaisseaux avec lesquels il partit
du port de Palos dans l'Andalousie un vendredi 3 août
1492 et aborda à Curnabay, une des Lucayes. Améric
Vespuce, qui reconnut depuis le continent, donna
son nom à ce pays. De là ne date pas la première
dépossession des véritables inventeurs. Ce fut alors
un élan général : les navigateurs assez heureux pour
reconnaître d'autres terres ou îles sont trop nombreux pour que nous entreprenions de citer leurs
noms.

L'échange des produits entre l'ancien et le nouveau monde a créé un état si prospère et des ha-
bitudes aujourd'hui tellement enracinées dans les
mœurs des peuples de ces deux continents, que la
moindre guerre maritime crée de suite un malaise
qui se fait sentir dans toutes les classes de la société.
Aussi il n'est pas rare de voir dans la plus mi-
sérable cabane figurer, au milieu des produits de
l'ancien monde, ceux du nouvel hémisphère ; c'est
que les besoins se sont accrus, et que désormais il
n'est plus possible aux peuples de se passer de cer-

taines productions. Sans doute la navigation, qui ne peut être remplacée par rien, fait jouir la société de ses précieux avantages ; son importance est incalculable au point de vue économique. Certes, ce ne sont pas les transports effectués par terre par des moteurs animés ou la vapeur, qui peuvent lui faire concurrence; ils n'en sont que le complément indispensable.

Au point de vue moral et intellectuel, les services qu'elle a rendus sont encore plus grands. C'est par elle que la terre a été connue et peuplée d'habitants trop à l'étroit dans l'Europe ; par elle, la civilisation est tombée comme une rosée bienfaisante parmi des peuples qui croupissaient dans la fange de leur barbarie. Là où des cannibales dansaient, avec des vociférations furibondes, autour du feu où rôtissaient des membres humains, la morale du Christ a pénétré, les institutions philanthropiques se sont glissées, l'urbanité règne, le commerce enrichit, la prospérité s'accroît, les arts sont respectés et encouragés, les sciences cultivées ; l'industrie, étendant ses mille bras, fait crier ses milliers d'artifices, crée, produit et transforme.

L'homme, en augmentant son bien-être, est devenu meilleur, parce qu'il a plus à conserver, plus à défendre, et parce que la misère, cette mauvaise conseillère des passions, l'assiége moins. Il a compris que le travail est le plus sûr élément de prospérité ; qu'avec lui, que par lui seul il peut tout. Que sont devenus ces temps où les membres les plus illustres de la noblesse tenaient à honneur de ne savoir pas signer ! Aujourd'hui, l'émulation est un torrent qui entraîne l'humanité, et une pareille conduite serait, non-seulement ridiculisée, mais encore flétrie et couverte d'opprobre.

Mais à côté de ces grands bienfaits que l'art de la

navigation nous a procurés, il est de grands malheurs que, ni le génie de la construction, ni la science nautique, ne sont parvenus à faire disparaître ; l'hydrographie, il faut le lui concéder, a fait beaucoup en précisant la position topographique des bancs sous-marins, des écueils et des côtes hérissées de récifs : mais c'est peu. Un impitoyable fléau décime chaque jour les deux marines. Quel est l'homme dont le cœur est assez sec et assez dur pour ne pas avoir frémi de pitié et d'horreur au récit émouvant d'un naufrage ? Jamais plume ne tracera tout ce que de pauvres naufragés ont éprouvé de misères et de privations, combien ils ont enduré de tortures physiques et morales alors que, placés entre le ciel et la terre, sans espoir de salut, en proie aux sentiments les plus vifs de la soif et de la faim, aux intempéries d'âpres climats, ils sont parvenus à gagner une côte inhospitalière ou abandonnée !

Combien la mer a-t-elle englouti de vaisseaux avec leurs richesses et leur équipage ! Combien de larmes, de sanglots, de cris de désespoir, de plaintes amères, d'existences précieuses se sont perdues dans ses gouffres mouvants, au sein de la tempête ! Dieu seul peut les compter.

Le souvenir de ces sinistres s'efface peu à peu de la mémoire des hommes, et d'autres sinistres viennent prendre leur place, et jeter dans le cœur le deuil et la tristesse.

Laissons parler la statistique ; les faits ont leur éloquence. Elle nous apprend ([1]) que, d'après des documents puisés à une source officielle, 3,076 navires sur 30,000 en cours de navigation dans le monde connu, se sont perdus dans le courant de l'année 1858 ; plus de 1 sur 10 !

([1]) Extrait du *Constitutionnel* et du *Courrier de l'Isère*.

L'augmentation croissante du nombre de sinistres maritimes est, selon le *Constitutionnel*, une conséquence naturelle du développement inusité que prennent, depuis un certain nombre d'années, les relations internationales par la voie de mer. Les statistiques de 1859 nous signalent un total de 2,320 navires perdus; sur ce nombre, 472 appartiennent à la marine française; ce chiffre comprend 109 longs-courriers et 363 caboteurs. Notre marine de guerre a perdu le *Sané*, la *Stridente* et le *Duguesclin*. La marine anglaise, plus cruellement éprouvée, a perdu en tout 1,301 navires, de 3 à 4 par jour. Les navires dont on n'a pas reçu de nouvelles, et qu'on doit présumer, dès lors, s'être perdus corps et biens, sont au nombre de 165, qui comprennent 24 français et 77 anglais. Un nombre assez considérable a péri par le feu, savoir : 39 américains, 21 anglais, 9 français et 44 sous pavillons divers. En tout, 113.

La navigation à vapeur occupe une large place dans la liste des sinistres : 126 steamers ont péri par suite de causes diverses : 11 français, 29 américains et 58 anglais. 12 navires français ont été victimes d'abordages. L'année 1860 aura pareillement un grand nombre de sinistres à enregistrer; les deux premiers mois ont été marqués par des événements funestes pour la marine, qui a déjà à déplorer bien des pertes.

N'est-il donc aucun moyen de remédier à ces malheurs? Sont-ils irréparables? et l'Océan prendra-t-il toujours son tribut de vaisseaux et de têtes humaines sur cette classe audacieuse de la société qui affronte chaque jour la mort sous mille formes?

Pour notre part, nous avons été depuis longtemps tellement impressionné à l'annonce de si nombreux et de si désastreux événements, que, depuis six années, nous nous sommes livré avec ardeur à la recherche de nouveaux moyens de sauvetage. Dans nos expériences, faites en petit (sur un tonneau de la capacité de douze hectolitres), nos efforts ont été couronnés d'un plein succès, et nous avançons hardiment cette proposition que l'emploi de notre système réduira des 9/10 les pertes de navires, si on excepte toutefois ceux qui périssent dans les abordages.

Dans l'exposé de notre système, nous nous sommes assujetti à rendre nos idées d'une manière claire, concise et précise. Nous avons cru également devoir faire disparaître, dans nos descriptions, tous ces grands mots scientifiques qui épouvantent le lecteur, et mettre, par la simplicité du style, tout le monde en état de comprendre et d'apprécier la valeur de nos preuves et de nos assertions.

Nous croyons devoir placer sous les yeux des lecteurs quelques détails sur les lois physiques dont la connaissance est indispensable pour lever les doutes qui pourraient surgir dans leur esprit lorsque nous nous occuperons de la discussion de notre système. Nous avons également pensé qu'il était utile d'entrer dans quelques développements au sujet de l'air, de l'eau, et du mode d'action des forces.

Ces recherches feront l'objet des chapitres suivants.

DE L'AIR.

L'air est cette enveloppe gazeuse qui nous environne, et qui a reçu le nom d'atmosphère.

L'air se compose principalement de deux gaz permanents : l'oxygène et l'azote; d'un troisième coercible, l'acide carbonique, et d'un quatrième, non permanent, la vapeur d'eau. Les autres gaz ou vapeurs qui s'y trouvent accidentellement, sont en si petite quantité, que nous pensons ne devoir pas nous en occuper.

On appelle gaz permanents ou incoercibles, ceux qui n'ont pu être réduits à l'état solide ou liquide, ni par le refroidissement, ni par la pression, ni par l'emploi simultané de ces deux agents.

Perkins assure cependant qu'à une pression de 600 atmosphères, l'air commençait à prendre la forme liquide, et qu'à la pression de 1200, il devenait parfaitement liquide.

Mais cette expérience, faite dans des appareils métalliques, n'ayant pas permis de laisser voir les résultats, on continue à considérer l'air comme un gaz permanent, quoique sa liquéfaction ne paraisse pas impossible.

Les gaz coercibles sont ceux qui prennent la forme liquide sous l'influence de l'action du froid ou de la pression ; exemple : l'acide carbonique, soumis à une pression de 36 atmosphères et à la température de 10 degrés centigrades au-dessous de zéro, peut passer à l'état liquide. A la température de zéro, sa vapeur fait équilibre à une pression de 40 atmosphères; M. Thilorier a même pu le faire passer à l'état solide.

Les vapeurs se conduisent à peu près comme des gaz, mais leurs liquides générateurs restent liquides sous des températures peu élevées. Brunner et Verver ont trouvé, pour la composition de l'air, 20.85 oxygène et 79.15 azote.

MM. Dumas et Boussingault trouvèrent, dans une série de 7 expériences et sur 100 parties d'air en poids, 20.81 oxygène et 79.19 azote. Il est à remarquer qu'il y a une concordance parfaite entre le poids et le volume, car on trouve des deux côtés le nombre 100.

La quantité de gaz acide carbonique contenue dans l'air est très-faible, aussi n'est-il pas toujours facile de la déterminer. C'est à Th. de Saussure que revient l'honneur d'avoir, pour la première fois, fixé les limites dans lesquelles la quantité de ce gaz peut varier.

Dans ses expériences, il trouva que 10.000 parties d'air en volume contiennent en moyenne 4.17 dix millièmes, le maximum étant de 5.35 dix millièmes et le minimum 3.33 de gaz acide carbonique. La respiration des plantes et des animaux, aussi bien que sa production par la combustion, sont des causes qui peuvent faire varier cette quantité de gaz dans l'air. La pluie et la rosée peuvent en dissoudre aussi une notable quantité.

D'après une série de 90 expériences, la moyenne a été de 4.188 ; elle s'éloigne peu, en effet, de celle indiquée plus haut.

La vapeur d'eau contenue dans l'air est sujette à varier continuellement. La cause de presque toutes ces variations réside dans la chaleur de l'air ; plus la température est élevée, plus la quantité de gaz aqueux devient grande, et réciproquement. D'après une série de 50 expériences, Verver a trouvé que la moyenne de la vapeur contenue dans 1.000 parties d'air était de 8.47, le maximum étant 10.18, le minimum, 6.10. Cette moyenne descendait à 7.97 pendant la matinée jusqu'à deux heures de l'après-midi, puis montait jusqu'au soir, étant de 8.85. Ces variations devenaient encore plus grandes suivant la situation climatérique des différents pays. Si on calcule, d'après les données ci-dessus, la composition de l'air, on le trouve composé sur cent mille parties, en ne tenant compte que des quatre principaux éléments :

de $\begin{cases} \text{Gaz azote,} & 78.492 \\ \text{Gaz oxygène,} & 20.627 \\ \text{Gaz acide carbonique,} & 0.041 \\ \text{Gaz aqueux,} & 0.840 \end{cases}$ Total, 100.000 parties.

L'air laisse très-bien passer la lumière ; il est mauvais conducteur de l'électricité.

Sa solubilité dans l'eau est faible ; elle augmente avec la pression, mais d'une très-petite quantité ; diminue avec l'élévation de la température, parce que la vapeur d'eau prend peu à peu sa place. L'eau de mer en dissout moins que l'eau douce. Il semble qu'au lieu de se dissoudre réellement, l'air occupe dans l'eau l'interstice fort petit qui est compris entre les molécules de ce liquide ; car la moindre action est capable de l'en chasser, par exemple, la dissolution d'un sel.

À une température de 15 degrés, et sous une pression de 76 centimètres de mercure, l'eau dissout : azote, 0.016 ; oxygène, 0.037 ; acide carbonique, 1.000. Cette solubilité, en définitive, varie fort peu sous l'influence des températures habituelles. Sans cette propriété qu'a l'air de se dissoudre, les mers et les cours d'eau, ainsi que les lacs et viviers, seraient totalement dépourvus d'habitants. Les poissons, en effet, meurent promptement dans l'eau distillée. Tous les êtres qui habitent dans l'eau sont pourvus d'appareils qui leur permettent de s'approprier l'air, qui est absolument indispensable pour que les phénomènes de la vie s'accomplissent, surtout l'hématose, par l'effet de la respiration.

L'air ayant, par rapport à son volume, une très-petite masse, il suffit de très-petites forces pour le mettre en mouvement. Des déplacements continuels tendent à s'effectuer dans l'atmosphère ; car les parties de la terre échauffées par le soleil, en di-

latant l'air, le rendent plus léger, il tend alors à s'é-
lever ; d'autres couches plus froides et conséquem-
ment plus pesantes viennent prendre sa place ; de
là un mouvement. Mais la cause la plus puissante,
sans contredit, de ces grands déplacements qui se
font à la surface de notre globe, c'est le mouvement
de libration de notre planète sur son axe qui la produit, parce que ce mouvement fait que la terre
présente, pendant six mois, un pôle au soleil, et le
plonge ensuite dans l'obscurité et les frimats.

Les vents qui en résultent sont dits *généraux* et
sont utilisés par les marins, qui connaissent leurs
retours périodiques et s'en servent pour la locomotion des bâtiments. L'air est éminemment élastique. Le poids total de la colonne d'air, en hauteur,
fait équilibre à une pression de 76 centimètres de
mercure, ou de 10 mètres 33 centimètres d'eau
au niveau de l'Océan. A mesure qu'on s'élève dans
les hautes régions de l'atmosphère, comme l'ont
fait MM. Gay-Lussac et Biot, MM. Barral et Bixio,
dans des ascensions aérostatiques ; MM. Martins,
Bravet et Lartigues, sur le Mont-Blanc, on observe
une dépression graduelle de la colonne barométrique. Un froid rigoureux, rendu évident par l'existence des neiges éternelles sur les hautes montagnes, règne d'une manière permanente à ces altitu-
des. Ces expérimentateurs ont noté également un
assez grand nombre de troubles fonctionnels occa-
sionnés à ces hauteurs par la diminution de la
pression atmosphérique ; nous croyons devoir les
passer sous silence, parce qu'ils ne présentent pas
d'intérêt au point de vue de notre système.

Des expériences nombreuses ont été faites dans le
but de savoir si l'homme pouvait vivre dans de l'air
plus comprimé que celui qu'on rencontre dans l'atmosphère. Des résultats satisfaisants ont fait voir que

l'homme s'accommodait beaucoup mieux d'un excès de pression que d'une diminution. En effet, des personnes ont pu rester longtemps immergées dans l'air d'une cloche à plongeur ou d'un bateau sous-marin sans être notablement fatiguées. Dans ce moment, on travaille à établir les piles du pont de Kehl, sur le Rhin, à une profondeur de 20 mètres sous l'eau ; les ouvriers sont, par conséquent, placés dans une cloche ou tube plein d'air dont la pression est égale à trois atmosphères. Des poissons vivent encore à une profondeur de 100 mètres dans la mer, ce qui indique qu'ils nagent dans un liquide supportant une pression de 10 atmosphères. M. Pravaz, à Lyon, a fait d'intéressants travaux sur les modifications fonctionnelles qui surviennent chez l'homme qui vit dans un air plus ou moins comprimé. Nous insistons à dessein sur ces faits et sur ces preuves ; car le lecteur pourra bientôt comprendre l'immense utilité qu'on peut retirer de cette propriété au point de vue de la réparation immédiate des avaries qui peuvent avoir lieu dans certains cas.

Bien que nous connaissions le poids de l'air atmosphérique, sa hauteur nous est peu connue, parce qu'on ne possède pas des éléments suffisants pour apprécier sa raréfaction progressive à de grandes hauteurs. Il est entraîné dans le mouvement de rotation de la terre dont il fait partie, ainsi que les montagnes, les mers, etc., avec la même vitesse angulaire.

DE L'EAU.

L'eau est un des éléments constitutifs de notre planète, le plus abondamment répandu, surtout à sa surface. La quantité d'eau est telle, que si tous les terrains étaient situés à la même hauteur, comme le sont les eaux des mers, la surface entière de la terre serait recouverte par ce liquide; car les mers submergent déjà les deux tiers au moins de la terre. L'eau est nécessaire à l'existence de tout ce qui a vie.

Priestley, Cavendish et Lavoisier ont, les premiers, produit de l'eau dans leurs laboratoires; mais il appartenait à Lavoisier de faire connaître sa composition. Cette communication fut faite par lui en novembre 1783. Plus tard, Fourcroy, Vauquelin et Seguin firent de l'eau en assez grande quantité. De toutes ces expériences, il est résulté qu'on a reconnu que l'eau est rigoureusement composée de deux volumes d'hydrogène et d'un d'oxygène, et, en poids, de 88,904 d'oxygène et de 11,096 d'hydrogène. L'eau est toujours liquide à la température moyenne de nos contrées; mais si la température baisse au-dessous de zéro du thermomètre, elle se solidifie.

Quand l'eau passe à l'état de glace, elle se dilate de manière à occuper un 10me de volume en plus. Sa force d'expansion a été évaluée, dans ce cas, à 1,000 atmosphères environ; de même que pour les autres liquides sa compressibilité est très-faible. Son poids spécifique, à une température de 4 degrés, un 10me au-dessus de zéro, a été pris pour unité, et sert de terme de comparaison pour l'évaluation des densités spécifiques des corps solides et liquides. Elle est, sous la pression atmosphérique, 770 fois plus pesante que l'air, et il faut une colonne de 10 mètres 330 millimètres, dans un tube fermé par le haut, pour faire équilibre à la pression de l'atmosphère. Elle est 13.59 fois moins pesante que le mercure, dont la colonne barométrique est de

76 centimètres au niveau de l'Océan. L'eau dissout une petite quantité d'air, et a la propriété, comme nous l'avons déjà dit, de se dissoudre dans ce gaz sous forme de vapeur. Ce phénomène est le résultat de la vaporisation.

La surface des mers, des lacs, des grands cours d'eau fournit constamment de l'eau à l'air qui l'emporte dans ses déplacements et l'entraîne avec lui vers les continents.

La quantité d'eau à l'état de vapeur que l'air peut dissoudre est petite, car la moyenne est de 840 pour 100,000 parties d'air ; mais elle est très-grande si l'on tient compte du volume énorme que l'air occupe à la surface de la terre. Cette quantité de vapeur dissoute croît avec la température et décroît avec elle, de telle sorte que, si l'air atmosphérique en est saturé, c'est-à-dire qu'à une température donnée il en tienne en dissolution autant qu'il peut en dissoudre, et qu'une cause quelconque vienne à abaisser cette température, une certaine quantité de cette vapeur doit nécessairement repasser à l'état liquide et se déposer ou tomber sous forme de pluie, de brouillard ou de tout autre météore aqueux. Si le refroidissement est rapide, elle se réunira même en gouttelettes qui deviendront solides (neige, grêle).

L'eau n'est jamais pure dans la nature, elle contient toujours une plus ou moins grande quantité de débris organiques et des sels en dissolution. C'est surtout dans les mers qu'on trouve ces derniers en quantité tellement énorme, que la densité du liquide en est de beaucoup augmentée. L'eau est de tous les liquides celui qui a la propriété de dissoudre le plus grand nombre de corps ; à l'état de combinaison, elle fait partie de toutes les productions des corps organisés sans exception ; on la trouve tout aussi bien dans la trame gélatineuse des os que dans le sang des animaux.

DE L'ÉCOULEMENT DES LIQUIDES.

Les liquides, comme les corps solides, sont soumis aux lois de la pesanteur. Si donc un liquide est en équilibre dans un vase, et qu'on vienne à pratiquer une ouverture quelque part dans l'épaisseur de ce vase et en dessous de la surface libre du liquide, les molécules, sollicitées par la pesanteur, obéiront à l'action qui les attire vers le centre de la terre : il y aura mouvement dans la masse, une portion de cette masse sortira du vase, il y aura en un mot écoulement. Pendant un temps fort court, il se produira un ébranlement des molécules du liquide, l'écoulement augmentera et se régularisera jusqu'à ce qu'il arrive à une grandeur qu'il ne peut dépasser.

Une fois l'écoulement devenu régulier, toutes les particules de la masse, mises en mouvement, acquièrent en descendant une vitesse de plus en plus grande jusqu'à ce qu'elles aient atteint l'orifice. La théorie des lois de la pesanteur est applicable dans ce cas, et la vitesse communiquée au liquide dépend de la hauteur verticale de la surface libre du liquide au-dessus de l'orifice d'écoulement. De plus, elle indique encore que la vitesse ne sera point changée, que la direction de la veine fluide ait lieu de haut en bas ou de bas en haut, pourvu que la distance de l'orifice d'écoulement à la surface libre du liquide reste la même. Nous pourrions prouver la vérité de cette loi par de nombreux exemples, mais il nous suffira de dire que ce principe est incontestable et qu'il a été vérifié un grand nombre de fois.

La quantité de liquide qui traverse l'ouverture dans un temps donné, une seconde par exemple, est ce qu'on appelle la dépense ou le débit. Cette dépense augmente 1° avec la grandeur de l'ouverture ; 2° avec la vitesse provenant de la hauteur de chute. La formule suivante donne la vitesse d'écoulement d'un liquide $(v = \sqrt{2gh})$; v exprime la vitesse, qui est égale à la racine carrée de 2 g ou $(g+g)$ ($\times$ par h) multipliée par h, qui exprime la hauteur de la surface libre du liquide au-dessus de l'orifice.

Pour mieux nous faire comprendre, nous nous servirons d'un exemple. On demande quelle sera la vitesse d'écoulement d'un liquide, ou son débit, en supposant la hauteur au-dessus de la surface de l'orifice égale à 5 mètres, et l'ouverture d'écoulement égale à un décimètre carré.

Pour arriver à la solution de ce problème, il faut d'abord connaître la valeur de g. Le physicien Borda l'a calculée très-exactement à Paris, au moyen du pendule ; il a trouvé g, vitesse acquise d'un corps tombant en chute libre, après une seconde en temps, égale à 9 mètres 8088. C'est donc ce nombre, qui indique l'intensité de la pesanteur pour Paris, qu'il faut multiplier par la hauteur h après l'avoir doublé. Ce résultat étant obtenu, il faut chercher la racine carrée approchée de ce nombre pour avoir la valeur de v, c'est-à-dire de la vitesse due à la hauteur de chute : ce nombre est 9^m,904. Si on veut avoir la dépense, il faut ensuite multiplier par un décimètre carré, ce qui donne 99 décimètres cubes ou litres (04) centilitres ou 4 centièmes de décimètre cube. On voit par là qu'on obtiendrait théoriquement un hectolitre à peu près par seconde.

Ce calcul est tout aussi bien applicable quand la

direction de l'écoulement est de bas en haut ; on peut donc par ce moyen calculer la grandeur de l'orifice intérieur d'une voie d'eau dans un bâtiment, connaissant la profondeur de l'ouverture de cette voie au-dessous de la surface de flottaison, en jaugeant le volume d'eau qu'elle fournit dans un temps donné, autrement dit en évaluant le débit ou la dépense.

On voit par ce qui précède qu'il suffit d'une très-petite voie d'eau pour compromettre l'existence d'un navire, puisqu'une voie de ce genre peut fournir un hectolitre d'eau environ par seconde ; les bras d'un équipage d'un navire de grandeur moyenne sont insuffisants pour mettre à sec cette voie. Mais si, au lieu d'une voie d'eau présentant un décimètre carré de surface d'ouverture, on suppose cette dernière d'un mètre carré, on aura alors un débit cent fois plus considérable, puisqu'un mètre carré contient cent décimètres carrés. Quel est le marin qui oserait espérer, avec les moyens aujourd'hui employés, sauver un bâtiment quelconque ? Les résultats fournis par la théorie ont besoin, pour être d'accord avec la pratique, de subir une correction : 1° les molécules, en traversant les parois de l'ouverture, éprouvent des frottements qui ralentissent leur marche ; 2° la contraction de la veine fluide. On peut remarquer, en effet, que le filet de liquide sortant d'une ouverture présente un cylindre plein, ayant une section transversale moins grande que celle de l'ouverture par laquelle il sort. De nombreuses expériences indiquent que la dépense théorique est à la dépense pratique comme 100 est à 65 (:: 100 : 65) pour les liquides. En employant des ajutages dans les meilleures conditions, c'est-à-dire un peu coniques convergents, les deux dépenses sont comme 100 est à 95 (:: 100 : 95). Nous

donnons dans le tableau suivant la valeur de *v* pour
des hauteurs de 25 centimètres à 14 mètres :

HAUTEUR de chute.	VITESSE acquise.	HAUTEUR de chute.	VITESSE acquise.
$0^m,25$....	$2^m,214$	7^m	$11^m,718$
0 50....	3 132	8	12 528
1 00....	4 429	9	13 288
2 00....	6 264	10	14 006
3 00....	7 672	11	14 690
4 00....	8 858	12	15 343
5 00....	9 904	13	15 970
6 00....	10 849	14	16 572

DE L'ECOULEMENT DES GAZ.

Nous avons dit que la pression exercée au niveau
de l'orifice est proportionnelle dans les liquides à la
hauteur de la surface libre au-dessus de cet orifice.
Pour les gaz, il ne peut en être ainsi, parce que les
molécules, au lieu de tomber librement, cherchent
au contraire à occuper le plus d'espace possible.
Mais on peut faire rentrer les gaz dans le cas des liquides, soit en leur faisant supporter des pressions
en vase fermé, soit en chargeant de poids un piston
dans un appareil cylindrique.

Lorsqu'un gaz est contenu dans une enveloppe
fermée, et qu'on pratique une ouverture dans l'é-
paisseur de la paroi, si le gaz est soumis à l'intérieur
à une pression supérieure à celle du dehors, il tendra à sortir en vertu de son élasticité, tandis que, si
la densité de l'air à l'extérieur est la même, il n'y
a aucune tendance à l'écoulement.

La vitesse d'écoulement sera en rapport avec la
différence de pression des milieux, c'est-à-dire que,
plus le gaz sera pressé à l'intérieur, plus cette pres-

sion excédera celle de l'air , et plus il s'écoulera vite.

Nous pouvons donc considérer la pression supportée par le gaz en cavité close comme analogue à celle d'une colonne liquide, et on reconnaîtra que l'air supportait une pression plus ou moins grande, suivant qu'il s'écoulera avec plus ou moins de vitesse. On calcule cette vitesse d'écoulement de l'air et des gaz de la même manière que pour les liquides.

Il est utile de savoir pour cela que, d'après la loi de Mariotte, dont nous exposerons les principes bientôt, l'air est 10,336 fois plus léger que le mercure et 770 fois plus léger que l'eau. La vitesse d'écoulement sera donc comme la racine carrée de ces nombres, c'est-à-dire, comme 103 est à 1 pour le mercure et comme 27,76 est à 1 pour l'eau (:: 103:1 pour le mercure et :: 27,76 : 1 pour l'eau.)

Donc, quand on voudra calculer cette vitesse pour l'air, il suffira de multiplier par un de ces deux nombres le résultat obtenu pour les liquides qui s'écoulent ; suivant qu'on aura pris l'eau ou le mercure, le produit donnera le rapport des masses aussi bien que la dépense ou débit en volume.

Nous reviendrons , du reste , sur cette question quand, dans le cours de cette publication, il sera utile de préciser par des exemples les faits à leur juste valeur.

On peut d'une autre manière arriver au même résultat: à cet effet, on prend une caisse dans laquelle pénètre un tube, on verse dans ce tube du mercure ou de l'eau, on débouche un robinet dont le diamètre d'ouverture est connu, et on évalue le débit en faisant traverser à l'air qui s'écoule une couche d'eau assez mince contenue dans un vase fermé, une cornue par exemple. La quantité d'eau déplacée donne alors à peu près la mesure de la quantité d'air qui s'est écoulée dans une seconde, et on verra que les résultats obtenus par ce moyen s'accordent assez bien avec ceux qui sont fournis par la formule $v = \sqrt{2\,g\,h}$.

Le peu de masse de l'air, la mobilité parfaite de ses molécules, la tendance continuelle qu'elles ont à se fuir, son élasticité très-grande, sont autant de raisons qui font que, sous l'effort de la plus petite force, l'air se meut avec une vitesse assez considérable. De même que pour l'eau, si on ne veut pas perdre une grande quantité de la dépense, il faut adapter pour l'écoulement à l'ouverture un ajutage cylindrique légèrement convergent. Alors, au lieu des $\frac{65}{100}$ de dépense réelle, on obtient les $\frac{94}{100}$.

L'air se meut quelquefois dans l'atmosphère avec une grande vitesse. Nous n'entrerons pas dans des détails au sujet des vents réguliers ou irréguliers, utiles ou funestes aux navigateurs; nous dirons seulement qu'un vent à peine sensible se meut avec une vitesse d'un mètre par seconde. Vent frais 6^m, bon frais 7^m, grand frais 12^m, vent très-fort 15^m, vent impétueux 20^m, grande tempête 27^m, ouragan 36^m, ouragan renversant les édifices 45^m, par seconde.

LOI DE MARIOTTE.

Toutes les fois qu'un gaz est comprimé, sa force élastique augmente. Mariotte, en s'occupant des modifications qui surviennent dans les gaz quand ils sont comprimés et qu'ils changent de volume, a reconnu l'existence de la loi suivante : *La force élastique d'une masse de gaz dont la température ne varie pas, augmente en raison inverse du volume qu'elle occupe.* Loi qu'on peut encore exprimer de la manière suivante : *A une température constante, les gaz occupent des volumes inversement proportionnels aux pressions qu'ils supportent.*

On appelle tension ou force élastique d'un gaz, la pression qui s'exerce dans tous les sens autour de chaque molécule. Dans l'atmosphère, la tension est égale à toutes les hauteurs égales, sauf quelques variations dues à la température, et va en décroissant de la surface de la terre vers les régions élevées. Cette force varie nécessairement avec le volume des gaz. Si on comprime l'air, par exemple, de manière à lui faire occuper la moitié du volume qu'il avait primitivement, elle doublera d'intensité. La compression détermine au sein d'une masse gazeuse un accroissement de température, de même qu'une diminution de pression en amène l'abaissement: il y a toujours dans ce cas production de froid. Il est donc utile d'attendre que l'équilibre de température se soit rétabli, si on ne veut pas que l'évaluation des résultats soit erronée, en ne tenant pas compte de l'influence de cette cause. Pour démontrer cette loi, on prend un tube recourbé en forme de siphon, dont les deux branches sont d'inégale longueur, la plus petite est fermée par le haut et divisée en parties d'égale capacité. La plus longue est divisée de la même manière. Une ligne tracée au-dessus de la courbure établit le niveau auquel doit arriver le mercure, pour occuper tout l'espace courbe qui se trouve situé en dessous de cette ligne ; on arrive à obtenir ce résultat à l'aide du tâtonnement, et une fois que le plan horizontal qui passe par cette ligne se trouve situé dans le plan des deux surfaces liquides et qu'il se confond avec le niveau du liquide, on peut commencer l'expérience; mais avant disons que la pression intérieure et extérieure se font exactement équilibre. Ce fait étant établi, on versera du mercure jusqu'à ce que l'air contenu dans la petite branche n'occupe plus que la moitié de son volume primitif. Cet air, qui supportait déjà le poids d'une atmosphère, aura sa pression augmentée de tout le poids de celle de la colonne de mercure, située au-dessus du plan horizontal dont nous avons parlé, et qui passait précédemment par la ligne indiquée par un trait sur le verre. Si nous voyons que le volume de l'air emprisonné s'est réduit de moitié, nous remarquons en même temps que la hauteur de la colonne de mercure qui a amené cette compression, est précisément égale à 76 centimètres en hauteur au-dessus du trait ou index (¹) ; mais ce nombre indique la hauteur barométrique. Nous en conclurons que cet air, qui a diminué de moitié dans son volume, supporte la pression de deux atmosphères ; d'où il résulte que si le gaz est réduit à un demi-volume, sa force élastique augmente du double.

On verrait de même que pour une pression triple, quadruple, décuple, le volume se réduirait au tiers, au quart, à la dixième partie. MM. Dulong et Arago ont poussé leurs expériences jusqu'à 27 atmosphères, et ont reconnu que la loi de Mariotte, vraie jusque-là, l'était encore probablement beaucoup au-delà.

On peut donc conclure de ces faits que la densité d'un gaz croît comme la pression qu'il supporte. M. Regnauld a fait voir que la loi de Mariotte cesse d'être vraie, pour certains gaz, à mesure qu'ils se rapprochent de leur point de liquéfaction. Elle reste vraie pour les gaz incoercibles, pour l'air par conséquent.

(¹) Pour que le résultat soit exact, il est nécessaire de mesurer les 76 centimètres à partir du niveau qu'occupe le mercure dans la courte branche après son élévation au-dessus du trait : et ainsi de suite pour toutes les pressions.

PRINCIPE D'ARCHIMÈDE.

Cette loi, une des mieux connues, a été trouvée par Archimède, physicien de Syracuse. Toute la théorie des corps plongés ou flottants dans les liquides et les gaz repose sur ce principe dont voici l'énoncé :

Tout corps plongé dans un fluide (gaz ou liquide), *perd une partie de son poids égale au poids du volume du liquide qu'il déplace.*

On peut démontrer de deux manières la vérité de ce principe : par le raisonnement et par l'expérience. Nous nous occuperons seulement du dernier moyen, comme étant suffisant pour établir l'exactitude de ce principe.

Un des instruments les plus usités est la balance hydrostatique ; elle consiste en une balance ordinaire ; au-dessous d'un des plateaux se trouve un crochet auquel on suspend un cylindre creux, ordinairement en cuivre, et au-dessous de ce cylindre creux, un autre cylindre plein, pouvant s'emboîter exactement dans le premier.

On fait équilibre avec des poids connus, puis on fait plonger dans de l'eau le cylindre plein ; l'équilibre est aussitôt détruit ; l'expérimentation fait voir que, pour rétablir cet équilibre, il suffit de remplir d'eau le cylindre creux, placé au-dessus. Il est aisé de conclure, en pareil cas, que le cylindre plein a perdu une partie de son poids ; que la quantité perdue étant égale au poids de l'eau qui remplit le cylindre creux, il perd bien réellement, quand on l'immerge dans l'eau, une quantité en poids égale à celle du poids d'un pareil volume de ce liquide déplacé par le cylindre plein. L'expérience donne des résultats identiques pour tous les autres liquides qui remplissent certaines conditions, telles que de n'attaquer pas chimiquement le corps, ou de jouir d'une fluidité assez grande; dans ce cas, il est nécessaire, pour avoir le poids du liquide déplacé, et pour rétablir l'équilibre, de remplir le cylindre creux avec le même liquide que celui qui constitue le bain.

Nous nous contenterons de cette seule preuve, bien qu'il soit possible d'en donner un grand nombre d'autres tout aussi probantes.

Nous distinguerons trois cas différents quand un corps est plongé dans un liquide :

1° Le corps plongé est plus pesant que le liquide dans lequel il baigne;

2° Le corps plongé a un poids égal à celui du liquide ;

3° Le corps plongé a un poids moindre que celui du liquide.

Dans le premier cas, le corps tombera au fond du vase, entraîné par la pesanteur, avec une vitesse égale à l'excédant de son poids spécifique sur celui du liquide. Ce corps sera égal, pour le même volume, à un certain nombre de fois celui du liquide, diminué de la perte que ce liquide lui fait éprouver par suite de son déplacement.

Dans le deuxième cas, les poids étant égaux sous le même volume, la perte de poids éprouvée par le corps plongé est égale au poids d'un pareil volume de liquide; le corps restera donc en équilibre dans l'eau. Exemple : dans certains cas, la cire, le bois de buis, et différents autres produits, comme des boules de verre creuses.

Le troisième cas est celui où le corps plongé pèse moins que le liquide, à volume égal; dans ce cas, une partie du corps doit seulement être immergée, et plus le poids, comparé au volume, sera faible, et plus il y aura des parties qui surnageront. Si, le poids restant le même, le volume vient à varier, il est clair qu'un corps qui tombait d'abord au fond pourra revenir à la surface. Les poissons offrent un exemple remarquable de cette propriété. A volume égal, leur poids est un peu plus grand que celui de l'eau; mais ils sont munis d'un appareil particulier qu'on nomme la vessie natatoire, qui leur permet de venir à la surface, de rester en équilibre dans l'eau, ou de plonger vers le fond. Voici le mécanisme de cet appareil : Si le poisson est tranquille, l'air contenu dans sa vessie établit l'équilibre, il nage entre deux eaux; s'il vient à relâcher les muscles des parois ventrales, il augmente de volume sans augmenter de poids : alors il s'élève vers la surface. Si, au contraire, il contracte ces mêmes muscles, il diminue de volume sans diminuer de poids; il devient, à volume égal, plus pesant que l'eau, alors il descend vers le fond. Tous ces phénomènes s'exécutent dans des limites assez restreintes, les pertes ou l'augmentation de poids rapportées au volume sont très-faibles, et cependant elles permettent au poisson de monter ou de gagner le fond; ce qui prouve combien il faut peu de chose pour troubler l'équilibre, et combien la loi est exacte.

Ce principe, comme nous l'avons dit dans l'énoncé, est également applicable aux corps plongés dans les gaz. Un ballon dans l'air ne peut s'élever qu'à la condition que le gaz contenu dans son intérieur soit plus léger que l'air atmosphérique; il faut encore, pour qu'il puisse s'élever, que le poids du gaz, plus le poids de l'enveloppe, soient moindres que le poids d'un pareil volume d'air; car, s'ils étaient égaux, le ballon flotterait dans l'air; il y aurait simplement équilibre.

Un oiseau ne peut se soutenir dans l'air, à l'aide
de ses ailes, qu'à la condition de déplacer une masse
de ce gaz égale à la sienne, et un poids d'air égal
au sien; pour s'élever, il doit en déplacer une
quantité plus grande.

Dans le cas où un corps plus léger que l'eau
aurait été plongé dan ce liquide, dès que la force
qui l'y maintenait cesse d'agir, il remonte à la
surface où il flotte après avoir pris sa position
d'équilibre. L'équilibre est stable, instable ou
indifférent; nous dirons seulement que pour que
l'équilibre soit stable, il est nécessaire que le centre
de gravité soit situé au-dessous de la surface du
liquide.

Cette loi s'applique, non-seulement aux corps
homogènes, mais à toute masse formée de la réu-
nion d'un grand nombre d'éléments divers. Ainsi,
le fer est plus pesant que l'eau, et cependant on na-
vigue sur des bateaux fabriqués avec ce métal; cela
tient uniquement à la forme des navires, qui sont
construits de manière à déplacer le plus d'eau possible; la coque, creuse, permet à l'air de venir
occuper la place située au-dessous de la surface de
flottaison; nous reviendrons sur ce sujet quand
nous indiquerons les conditions de flottage des bâtiments.

DESCRIPTION DE QUELQUES EXPÉRIENCES,

DANS LE BUT DE PROUVER LE SYSTÈME.

Toute grande vérité a besoin, pour être admise
comme telle, de s'appuyer sur des bases solides,
fixes et invariables. Les principes sur lesquels elle
repose doivent être reconnus vrais par une dé-
monstration rigoureuse, claire, irréfutable, et au-

tant que possible simple. Toutes les raisons et opinions contraires ne doivent pouvoir être considérées que comme spécieuses, paradoxales et erronées; la fausseté de l'argumentation ou du sophisme doit être prouvée par la théorie et par la pratique, et mise à découvert par l'examen des faits observés.

L'évidence n'est pas toujours la même pour toutes les vérités : les unes brillent à l'esprit de tous comme la lumière du soleil luit à nos yeux; d'autres sont comme ces régions lointaines que peu de voyageurs ont vues, mais que nous savons exister ; pour arriver à les connaître, un travail immense devient nécessaire, et la vie d'un homme est souvent trop courte pour suffire à les approfondir.

Nous sommes heureux de pouvoir rassurer le lecteur à cet égard; les vérités que nous voulons mettre en lumière, seront facilement saisies par lui, et quoique le résultat soit, pour la marine, d'une importance capitale, il pourra sans peine nous suivre dans l'exposé que nous allons faire de notre système.

Pour entrer en matière sans autre préambule, nous dirons que notre système repose tout entier sur quelques vérités fondamentales que nous émettrons sous forme de propositions. C'est à prouver par des faits incontestables leur valeur et leur solidité, que tendront tous nos efforts. Chacun est en mesure de contrôler les résultats de l'expérimentation, parce que nous n'avons choisi que des expériences que tout le monde peut reproduire et répéter chez soi.

La première de nos propositions est la suivante : *Peut-on empêcher à l'eau d'entrer par une ouverture sans boucher cette ouverture? Peut-on arriver à ce résultat, et dans quelles conditions?*

Telles sont les questions que nous allons examiner.

Si l'on prend un vase quelconque, une bouteille
vide, par exemple, nous disons vide quoique le
mot soit impropre ; mais il est employé vulgaire-
ment pour désigner une bouteille ne contenant que
de *l'air* et pas de liquide. Si on plonge cette bouteille, le goulot en bas, dans un liquide ou dans
l'eau, on observera les phénomènes suivants :
1° quoique l'ouverture n'ait pas été bouchée, l'eau
ne montera dans la bouteille que d'une petite quantité ; 2° plus on enfoncera la bouteille profondément, plus l'eau montera ; elle remplira la 20°
partie de la capacité de la bouteille, si on l'immerge
à une profondeur de 1 mètre ; d'un 40°, à 50 centimètres, et ainsi de suite, soit au-dessus de 1 mètre, soit au-dessous, en suivant toujours une même
proportion.

Sans cause, pas d'effet. Quelle est donc celle qui
produit ces effets ? Cette cause est une force qu'on
désigne sous le nom de *force élastique*, de *force
d'expansion ;* elle est une des propriétés dont jouissent les gaz et les vapeurs ; elle est constante dans
ses effets, quelle que soit la grandeur de la masse
gazeuse.

Pourquoi l'eau ne monte-t-elle que d'une petite
quantité dans la bouteille ?

C'est que l'air et l'eau sont soumis à la même
pression. Cette pression vient du poids que la colonne d'air qui nous entoure exerce sur tous les
corps. L'air de la bouteille se trouvant, après avoir
été puisé dans l'atmosphère, tout à coup séparé de
ce grand réservoir, d'une part par les parois du
verre, de l'autre par la couche d'eau qui l'isole
complétement, n'en continue pas moins à exercer
sur toutes les surfaces environnantes une pression

égale à celle qu'il possédait avant cet isolement. Il suit de là que l'équilibre entre les pressions de l'air et de l'eau n'est pas troublé, et dès lors il n'y a plus de raison pour que l'eau monte dans la bouteille.

Si, par exemple, l'atmosphère exerçait une pression plus grande sur le liquide que celle qui s'effectue en sens inverse par l'air intérieur, il est évident que celui-ci se comprimerait en se réduisant de volume, jusqu'à ce que sa force élastique fût égale à celle de l'air du dehors : alors l'équilibre se rétablirait, et la poussée en sens contraire devenant nulle par la destruction réciproque des effets opposés, l'eau garderait son niveau dans la bouteille.

Mais il est évident que les tensions sont les mêmes, puisque, comme nous l'avons fait remarquer, l'air de la bouteille a été pris au sein de l'atmosphère; de toute nécessité, donc, l'eau doit s'arrêter dans son mouvement ascensionnel dès qu'elle aura dépassé les bords intérieurs du tube formé par le goulot.

Pourquoi l'eau monte-t-elle d'autant plus haut qu'on enfonce davantage la bouteille ?

Cela tient à ce que la bouteille immergée supporte tout le poids de la colonne d'eau située au-dessus d'elle. L'action de la pression occasionnée par ce poids se fait sentir sur l'air contenu à l'intérieur, et si le lecteur se souvient de l'énoncé de la loi de Mariotte (les gaz occupent des volumes inversement proportionnels aux pressions qu'ils supportent), il verra que l'eau doit monter d'autant plus haut que la bouteille est enfoncée plus profondément. La théorie et l'expérience prouvent qu'il faut l'enfoncer à 10 mètres 33 cent. pour que l'air soit réduit à la moitié de son volume.

Une colonne d'eau de 10 mètres 30 centimètres, aussi bien qu'une colonne de mercure de 76 centimètres, déterminent une pression exactement égale à celle de l'atmosphère. Quelques irrégularités dans la différence de température peuvent occasionner des troubles momentanés dans les expériences de ce genre, mais ils disparaissent à mesure que l'équilibre de température se rétablit.

Si on pratiquait une ouverture à la partie supérieure de la bouteille, il est clair que les choses se passeraient tout autrement : l'air s'écoulerait alors par le haut, et l'eau monterait jusqu'à ce que la bouteille fût toute vidée si elle était immergée, et jusqu'au niveau extérieur si elle n'était plongée qu'incomplétement.

Pour que l'eau ne puisse pas pénétrer dans la bouteille par son ouverture, il faut absolument qu'elle soit fermée par le haut.

De plus, comme nous l'avons déjà fait observer, l'air est fort peu soluble dans l'eau, et celle-ci, se trouvant en contact avec ce gaz, en est saturée ; dès lors une plus grande quantité de ce dernier ne peut plus se dissoudre. Aussi, si on attache des balles de plomb ou autre corps pesant au goulot de la bouteille de manière qu'elle puisse flotter, que l'ouverture soit maintenue sous l'eau, et qu'on marque au moyen d'un trait le niveau de flottaison, on verra que huit, quinze jours après, ce niveau n'aura pas varié d'une manière sensible.

La forme du vase ne modifie en rien le résultat final de cette expérience ; pour s'en assurer, qu'on prenne un entonnoir de verre, nous disons de verre parce que la transparence de ce corps permet de mieux laisser voir les différentes phases de l'expérience. Avec cet instrument, on peut juger convenablement la question que nous nous proposons de résoudre. Plusieurs cas peuvent se présenter :

1° On plonge l'entonnoir par sa partie évasée tournée vers le bas : la partie rétrécie étant ouverte, que se passe-t-il ? L'eau monte dans l'intérieur en chassant l'air, effet qui devient manifeste quand, pendant l'immersion, on approche la joue ou le doigt tout près de l'orifice supérieur de l'entonnoir : on sent alors un sentiment de fraîcheur occasionné par le mouvement de l'air pendant son écoulement ; l'eau atteint bientôt un niveau qui reste le même ; qu'on élève ou qu'on abaisse l'instrument, ce niveau est situé dans le plan de la surface du liquide extérieur.

2° On plonge l'entonnoir de la même manière que ci-dessus, mais fermé par sa partie supérieure.

L'eau, dans ce cas, après avoir baigné les bords à l'intérieur, ne s'élève plus, parce que l'élasticité de l'air s'y oppose : l'air ainsi emprisonné est donc un obstacle à l'introduction du liquide. Tous les autres phénomènes sont identiques, et l'entonnoir se comporte de la même manière que la bouteille. Nous croyons utile de faire remarquer que la forme de l'ouverture n'influe en rien, pas plus que les dimensions, sur les résultats obtenus.

La plus ou moins grande capacité du vase est-elle un obstacle à la réussite de l'expérience ? Evidemment non ; car toute cavité qui n'est pas remplie par un liquide, l'est par l'air dans les circonstances ordinaires, attendu que tout espace vide tend à se remplir quelque part qu'il se produise, soit par l'effet de la pression atmosphérique, soit par celui de la force d'expansion des molécules gazeuses. Que sont du reste des capacités telles que celles d'un vaisseau, par exemple, comparées à d'immenses cavernes, où l'air n'a pu pénétrer qu'en s'insinuant au travers des pores et des fissures des roches ? Quel rapport peut-il y avoir entre le cube d'une bouteille, d'un vaisseau à trois ponts et de l'air contenu dans l'atmosphère ? Le même que celui qui existe entre le cube d'un grain de millet, d'une graine de chanvre, et de la plus grande chaîne de montagnes de la terre. Ces expressions, *expérimenter en grand*, *en petit*, n'ont donc, quand il s'agira de la mer comme champ d'expérimentation, et de l'air comme agent, qu'une portée tout à fait insignifiante. Du reste, les faits sont là pour donner raison à notre manière de voir.

Les cloches pour recueillir les gaz de l'éclairage, celles à plongeurs, les bâteaux sous-marins, les colonnes creuses pour l'établissement des piles de pont, les navires mêmes qui, après avoir chaviré, viennent à la côte la quille en haut, soutenus par l'air contenu dans leur cale, sont tout autant de témoignages irrécusables qui attestent que les phénomènes se produisent de la même manière sur ce qu'on est convenu d'appeler en grand, comme en petit. Dans tous ces cas que nous venons de citer, il est absolument nécessaire, pour que l'effet s'accomplisse, que le haut soit fermé et que l'ouverture soit immergée.

Un fût, quelle que soit sa capacité, s'il se trouve dans de bonnes conditions, ne se remplira pas si on le place sur l'eau, la bonde ouverte et tournée vers le bas, après avoir fermé toutefois les autres ouvertures qui pourraient exister. Ici, comme dans les cas précités, l'air contenu dans son intérieur réagira en vertu de son élasticité contre le liquide qui tend à s'introduire dans sa cavité. Pour le remplir avec une seule ouverture, il est nécessaire d'en placer l'orifice de manière que l'air puisse sortir par la partie supérieure, tandis que l'eau entre par l'inférieure. Dès que la position de l'ouverture change, soit qu'elle s'élève au-dessus ou qu'elle s'abaisse au-dessous de la surface du liquide, l'eau cesse de pénétrer au-dedans. Si l'ouverture devient supérieure, c'est-à-dire placée dans l'air seulement, il est aisé de comprendre que l'eau ne pourra plus s'introduire. Si elle est inférieure ; l'air ne pouvant s'échapper, s'opposera à la rentrée du liquide pour des motifs déjà indiqués. Ces phénomènes seront les mêmes et amèneront les mêmes résultats, soit qu'on emploie des futailles d'un hectolitre, ou des foudres comme on en trouve dont la capacité est telle, qu'ils jaugent plus que certains navires.

Dans ces cas, l'air contenu à l'intérieur possède sur toute l'étendue de sa masse une force égale d'expansion, quelle que soit l'irrégularité de sa distribution dans les différents compartiments qu'on pourrait y supposer existants ; si une compression ou une raréfaction viennent à se manifester, la transmission du mouvement opéré s'étend immédiatement à toute la masse emprisonnée, et l'équilibre a lieu.

Une déduction toute naturelle, tirée de l'examen des faits, nous force à admettre, comme essentiellement positive, l'analogie d'action de l'air dans le cas où un navire, ayant toutes ses ouvertures normales ou accidentelles hermétiquement fermées (écoutilles, etc.), aurait également, dans sa partie immergée, une solution de continuité, ouverture accidentelle constituant une voie d'eau.

Il est de toute évidence que le raisonnement appuyé sur l'observation des faits nous mène, dans un cas comme dans l'autre, aux mêmes conclusions.

Le plus souvent, en effet, une voie d'eau s'établit, parce que le navire ayant touché contre des roches sous-marines, une partie de sa coque est défoncée. C'est donc presque toujours dans la partie la plus inférieure du bâtiment que se font ces sortes d'avaries. Cependant, trois cas peuvent se présenter :

1º La solution de continuité a lieu un peu au-dessus de la surface de flottaison ou à son niveau ;

2º Elle a lieu au-dessous, à une certaine profondeur ;

3º Elle se produit dans la partie inférieure du navire.

Nous allons examiner successivement ces trois cas :

1º Quand la voie se fait au niveau de la partie immergée ou un peu au-dessus, comme le navire oscille dans sa marche au-dessus et au-dessous de la surface du liquide par l'effet du roulis et du tangage, les parties de la coque, situées au-dessus de la surface du liquide, dans une eau tranquille, deviennent par moment inférieures quand la mer est agitée ; par conséquent, l'eau peut entrer dans le bâtiment par intervalles. Dans ce cas, on prévient le danger en appliquant au dehors, sur l'orifice de la voie, des toiles mouillées, et au dedans, des planches garnies d'étoupes sont provisoirement clouées ou seulement maintenues, suivant la résistance à opposer à l'effort que fait l'eau pour s'introduire et suivant l'étendue de surface de l'ouverture. On peut également gouverner de manière à maintenir cette ouverture hors de l'eau, en présentant au vent la partie du navire du côté où elle se trouve. Si le danger devenait grand, on allégerait le navire en jetant une portion de son lest et même de la cargaison ; l'avarie peut alors se réparer assez facilement dès que le navire se sera élevé d'une certaine quantité. Naturellement on retirera l'eau qui a pu s'introduire.

Ce cas ne se présente, à de rares exceptions près, que dans deux circonstances : 1º quand deux navires s'abordent ; 2º quand le bâtiment est percé à fleur d'eau par des boulets. Les moyens de sauvetage sont assez bien ordonnés en pareil cas ; pour nous, c'est le moins important de tous ;

2° La voie d'eau se produit entre la surface de flottaison et l'arête de la quille.

Ce cas nous présente deux phases, suivant que le navire est oui ou non fermé par la partie supérieure au pont de la cale.

Quand le pont de la cale n'est pas fermé, et qu'il se produit une voie en dessous, l'eau entre par l'ouverture, se rend dans la partie inférieure, et monte en faisant couler le navire, jusqu'à ce qu'elle soit arrivée à la hauteur de la surface extérieure du liquide, à peu près comme nous l'avons vu dans le cas où l'entonnoir est ouvert par sa partie supérieure.

Dans les circonstances actuelles, on cherche à épuiser, au moyen de pompes aspirantes, l'eau qui se rend dans le bâtiment. Mais si la voie présente une surface assez étendue, le débit qui se fait, au moyen des pompes, est insuffisant pour épuiser l'eau que fournit la voie ; alors celle-ci gagne sur le débit, et le navire coule.

Dans ce cas, on peut mesurer la vitesse d'introduction du liquide ; elle est donnée par la formule suivante : la vitesse du liquide, à son entrée, est égale à la racine carrée de deux fois 9 mètres 8088, multipliée par la hauteur moyenne de la surface de l'eau au-dessus de la voie $\left(v = \sqrt{2\,g\,h} \right)$ [1]. Il faut ensuite multiplier ce résultat par la surface en carré de l'ouverture qui fournit le liquide, et ne prendre que les $\frac{65}{100}$ du total, à cause de la contraction de la veine liquide.

Le résultat que nous venons d'indiquer ne donne que l'eau introduite pendant une seconde de temps ;

[1] Voir la loi d'écoulement des liquides et des gaz.

il faut le multiplier par 60 pour avoir la dépense d'écoulement pendant une minute, et par 3600 pour une heure.

On trouvera, dans le chapitre de l'écoulement des gaz et des liquides, les vitesses dues aux hauteurs de chute ; il suffira donc de multiplier ces chiffres par l'étendue en surface de la voie, et par le temps, pour avoir le volume d'eau introduit dans le bâtiment dans un temps donné. Ces résultats, comme nous venons de le dire, sont trop forts ; il faudra les diminuer des $\frac{35}{100}$. Du reste, par un exemple, nous ferons mieux voir comment les choses se passent en pareille circonstance ; nous renvoyons le lecteur à quelques lignes plus loin, lorsque nous nous occuperons du troisième cas de formation de voie d'eau ;

3° Le navire est fermé au pont de la cale. Si le navire est fermé par le haut, les résultats ci-dessus énoncés seront considéralement modifiés, parce que, dans le cas précité, l'air s'échappe librement par les ouvertures du pont de la cale. Dans celui-ci, au contraire, l'air emprisonné en cavité close, comme dans la bouteille, le tonneau, etc., fera, en vertu de l'élasticité dont il est doué, un effort utile pour s'opposer à l'introduction de l'eau. Une expérience fort simple, celle du tonneau, fait voir que l'eau ne peut pas s'introduire toutes les fois que l'orifice de l'ouverture est placé au-dessous du liquide, parce que l'air ne peut pas sortir, et que la poussée de ces deux fluides est égale ou à peu de chose près, quand la voie n'est pas éloignée de la surface de flottaison. Or, la mécanique fait voir et la statique démontre que toutes les fois que deux forces égales agissent en sens contraire, elles se détruisent.

Une circonstance qui favorise encore la résistance

de l'air et met obstacle à l'entrée de l'eau, c'est la forme qu'on donne aux navires qui sont renflés vers la partie supérieure et rétrécis dans le bas. Comme l'ouverture regarde toujours vers le bas, il n'est pas possible que l'air sorte du navire ; car, en supposant un plan abaissé perpendiculairement, ou autrement dit, suivant la direction du fil à plomb, le long d'un des bords du navire, il faudrait qu'une ouverture latérale regardât vers le haut pour que l'air pût s'échapper ; si cette ouverture se trouvait dans le plan horizontal, il n'y aurait pas pour cela écoulement à l'extérieur. En un mot, il faut que l'ouverture soit située entre le plan dont nous avons parlé et le centre de gravité du bâtiment pour que l'air ne puisse sortir. L'effet contraire, celui de la sortie de l'air, ne peut avoir lieu qu'à une condition : soit que l'ouverture soit tournée vers le haut ou soit faite de haut en bas, ce qui n'arrive presque jamais. Dans ce cas, le centre de gravité ne passerait plus par la quille, et le navire serait obligé de chavirer. Ces faits sont exacts quand le navire est à l'état de repos, et les modifications qui surviennent à l'état de mouvement n'ont que peu d'importance. L'eau s'introduit alors, mais par instants seulement, et avec d'autant plus de difficulté que la voie se trouve placée plus bas, au-dessous du niveau de la surface du liquide extérieur. La quantité qui pénètre par l'ouverture est toujours faible ; elle est d'autant plus forte que la voie est placée plus à l'avant du navire. Elle décroît sur les flancs et devient à peu près nulle à l'arrière.

On peut, du reste, diminuer cette tendance que l'eau a d'entrer dans le navire en inclinant le bord du bâtiment où se trouve la voie, de manière qu'il soit plus relevé que l'autre. Le bord sain, présentant à la résistance de l'eau une surface plus étendue, supporte à lui seul presque tout l'effort de cette résistance, et fait que le côté endommagé se trouve soustrait à la pression du liquide qui est la cause de l'introduction. Il est facile de comprendre qu'on puisse gouverner de manière à ce que le navire vogue ainsi penché. Du reste, nous verrons bientôt comment on peut s'opposer plus efficacement encore à l'introduction du liquide par l'ouverture de la voie.

Il existe une différence considérable entre la vitesse de l'eau entrant librement par la voie dans les deux cas dont nous nous sommes occupé. En effet, quand le pont de la cale n'est pas fermé, l'eau se jette dans le navire avec une force égale à la hauteur de chute, augmentée de la résistance qu'elle offre pour son déplacement pendant la marche du navire.

Ces deux forces, dont la première est constante et dont la seconde est d'autant plus grande que la marche est plus accélérée, ajoutent leurs effets pour faire couler le navire, malgré le secours des pompes, trop souvent insuffisantes.

Lorsque le navire est fermé par son pont, la première de ces forces est détruite par la résistance de l'air, la deuxième est presque anéantie également, attendu que ce gaz résiste dans tous les sens d'une manière efficace. L'une est dirigée dans le sens vertical, l'autre dans le sens horizontal. Si on admet qu'il soit possible, comme nous le verrons bientôt, d'augmenter la quantité d'air contenu dans la cale, il sera facile de comprendre que la partie excédante sera obligée de sortir par la voie elle-même, parce que la pression devenant plus grande à l'intérieur, l'eau qui vient se présenter à l'ouverture doit lui céder le passage. Pendant tout le temps que ces deux forces se feront équilibre, l'eau ne pourra entrer, et quand l'élasticité du gaz sera devenue plus grande, elle sera refoulée et l'air s'échappera sous forme de bulles en remontant le long des bords du bâtiment.

4° Dans le troisième cas, qui est de tous le plus fréquent, il se fait une voie d'eau dans la partie la plus inférieure du navire. Il arrive fort souvent, en effet, que des bâtiments touchent contre des roches sous-marines, soit qu'ils aient manqué leur route dans une passe étroite, soit qu'ils aient été jetés sur un haut fond ou à la côte.

Nous établirons la même distinction que précédemment : le navire n'est pas fermé par le haut ; il est fermé par le haut.

Dans cette première des deux dispositions, l'eau entre avec une vitesse proportionnelle à la hauteur de la colonne qui pèse au niveau de l'orifice de la voie. Supposons qu'une voie de un mètre carré se soit faite dans un navire en touchant contre une roche, admettons qu'elle se soit ouverte à six mètres de profondeur au-dessous de la surface de flottaison, quel sera le volume d'eau qu'elle fournira par minute à l'intérieur du navire si celui-ci est à l'ancre ou amarré ?

Pour résoudre ce problème, nous n'avons qu'à consulter la table (voir l'article écoulement des gaz et des liquides), et nous trouvons que la vitesse due à la hauteur de chute de 6 mètres est de 10 mètres 849. Ce nombre, multiplié par 1 mètre, donne 10 mètres cubes (849 litres) ou 10,849 litres par seconde. Si nous multiplions ce chiffre par 60, nous aurons le volume fourni par la voie pendant une minute, il sera égal à 650,940 litres ou 650 tonneaux ; il faudra déduire de ce nombre environ le vingt pour cent pour la contraction de la veine fluide. Les $\frac{35}{100}$ de réduction n'ayant lieu que pour de petits orifices percés en mince paroi pour lesquels la contraction de cette veine est plus sensible, soit donc pour cette déduction 32,547 litres, ce qui donne pour la quantité d'eau en volume introduite pendant une minute 648,393 litres ou 648 mètres cubes ou tonneaux.

Nous demandons à nos lecteurs s'ils pensent que des pompes aspirantes puissent mettre à sec une pareille voie.

Cependant, d'après notre système, comme nous le verrons plus tard, c'est à peine si une pareille ouverture pratiquée ou formée accidentellement à la même profondeur gênerait la marche d'un navire.

Dans le cas où le navire est fermé au pont, l'eau ne monte qu'un peu au-dessus du plan horizontal qui passerait par la partie supérieure de l'orifice de la voie. L'eau est arrêtée, comme nous l'avons déjà vu, par la force élastique de l'air. Ce dernier peut bien être refoulé et comprimé, mais seulement pendant un temps très-court, car l'expansion se fait instantanément, et en définitive ses molécules reviennent à occuper le même espace que celui qu'elles remplissaient auparavant.

Si on admet que l'air n'ait pas d'issue pour s'écouler, il est clair que le navire se trouvera complétement dans le cas de la bouteille et de l'entonnoir dont nous avons parlé, mais le bois a des pores, des fentes et des fissures qui occasionnent une perte de l'air contenu à l'intérieur, et de là la nécessité de parer à cet inconvénient: on y arrivera par un doublage, dont nous donnerons la description quand besoin sera. On pourra du reste faire pénétrer dans l'intérieur une très-grande quantité d'air, ce qui remplacera bien au-delà les pertes que la cale pourrait subir. Qu'il nous soit donc permis de considérer désormais comme démontrée d'une manière irréfutable cette proposition que nous avons formulée

ainsi : *Peut-on empêcher à l'eau d'entrer par une ou-*
verture, sans boucher cette ouverture ? Nous pouvons
affirmer cette vérité comme certaine, puisque les
faits sont là pour en prouver l'évidence. Seulement
nous ferons observer que réellement elle est bouchée, mais par un bouchon invisible qui est l'air.

Comme complément indispensable de la proposition que nous venons de démontrer, nous émettrons cette autre proposition non moins incontestable : *Peut-on vider l'eau d'un vase, en lui substituant*
de l'air ? Nous répondrons une seconde fois qu'il
est impossible de douter de ce fait ; et nous allons,
comme nous l'avons fait précédemment, nous effor-
cer d'établir cette vérité en nous appuyant sur l'observation des phénomènes que présentent des expériences d'une grande simplicité. Chacun, du reste,
pourra mieux se convaincre en les exécutant lui-
même, il lui sera facile de voir les phases qu'elles
présentent, et d'étudier les caractères distinctifs de
ses différentes manifestations.

Quand on veut recueillir des gaz ou de l'air, comment s'y prend-on ? On remplit une cloche d'eau ou
de mercure, on la renverse de manière que l'ouverture soit placée en bas ; puis, à l'aide d'un tube
recourbé à son extrémité qui pénètre dans la cloche,
on fait parvenir une certaine quantité d'air qui, s'é-
chappant sous forme de bulles, monte rapidement
à la partie supérieure de la cloche. Ce mouvement
ascensionnel est dû à la différence des densités spécifiques de l'air et de l'eau. L'air, étant plus léger,
gagne le haut de l'appareil, et comme chacun sait
que deux corps ne peuvent occuper en même temps
le même espace, il en résulte un déplacement de
l'eau par l'air. Si on continue à faire pénétrer dans
la cloche de nouvelles bulles, celle-ci sera bientôt
vidée, et il arrivera un moment que, l'air ressortant

par le bas, toute l'eau aura été chassée de la cloche. Ce phénomène aura tout aussi bien lieu , que la cloche soit maintenue plongée, en tout ou en partie, dans le liquide.

Essayons donc d'établir , par des expériences , la vérité que nous voulons démontrer.

Première expérience. — On prend une bouteille qu'on remplit d'eau, puis, en appliquant le creux de la main sur son ouverture de manière que le liquide ne puisse sortir, on plonge, en la renversant, le goulot dans un vase contenant une certaine quantité d'eau ; la main ne doit abandonner l'orifice que lorsque le goulot est enfoncé au-dessous de la surface du liquide. Si la bouteille est peu plongée, on peut voir que l'eau est comme suspendue dans l'intérieur. Cet effet est dû à la pression atmosphérique qui fait remonter l'eau jusqu'à une hauteur de 10 mètres 33 centimètres, dans un réservoir *vide* et fermé supérieurement.

Au moyen d'un tube recourbé inférieurement, on fait arriver des bulles d'air dans la bouteille: l'air monte à travers la couche liquide et gagne la partie supérieure; il exerce sur toutes les parois une action égale : mais il en est de mobiles , c'est-à-dire, qui peuvent être mises en mouvement (l'eau) ; d'autres au contraire exigeraient un effort considérable pour être écartées , parce qu'elles sont solides (les parois du verre) ; l'eau seule donc doit se mettre en mouvement , et comme il a lieu de haut en bas , l'eau s'abaisse dans la bouteille à mesure qu'une nouvelle quantité d'air vient prendre sa place , jusqu'à ce qu'elle ait totalement abandonné l'intérieur du vase. L'air ressort lui-même à son tour et remonte le long des parois extérieures sous forme de bulles.

Deuxième expérience. — Nous avons pris un fût de la capacité d'un hectolitre , nous l'avons coulé dans un bassin en laissant la bonde ouverte ; nous avons eu soin, bien entendu, de fermer toutes les ouvertures par lesquelles l'air aurait pu sortir. Nous nous sommes ensuite servi d'un tube en caoutchouc d'une certaine longueur, et d'un diamètre de quatre millimètres (cylindre creux). Nous avons mis à une des extrémités une armature en cuivre se terminant par un orifice de trois millimètres et à l'autre extrémité une embouchure d'instrument à vent pour pouvoir souffler plus facilement l'air expiré des poumons dans le tube.

Nous nous sommes servi de cet appareil de deux manières : 1° nous avons fait pénétrer cette armature jusque dans l'intérieur du fût par la bonde elle-même, en l'y fixant d'une manière convenable, cette ouverture étant placée inférieurement; 2° nous avons fait pénétrer l'extrémité du tube en cuivre par la partie supérieure du tonneau coulé, jusque dans sa cavité.

Les résultats n'ont pas sensiblement varié, que nous ayons employé l'une ou l'autre méthode ; nous dirons cependant que la dernière semble d'un usage plus facile, et donne des réussites meilleures.

Il est utile de dire que le fût n'avait dans le bassin qu'un décimètre d'eau au-dessus de lui.

. Nous avons poussé l'air des poumons après une large inspiration; au bout de dix à douze insufflations, le fût a commencé à se relever par un de ses côtés, puis le mouvement ascensionnel a été de plus en plus manifeste, à mesure que nous poussions de nouvelles quantités d'air; il a abandonné le fond après quinze insufflations; il a continué à s'élever jusqu'à ce qu'il eût atteint la hauteur des bords du bassin. Alors nous avons fait placer une planche en travers, puis monter dessus une personne du poids de 72 kilogrammes ; au bout de cinquante insufflations et

de douze minutes, nous sommes arrivé à faire res-
sortir l'air par la bonde, après avoir soulevé le fût,
la planche et la personne ; alors la partie la plus
élevée du tonneau était à 25 centimètres au-dessus
de l'eau. Il est à remarquer que pendant tout le temps
que nous étions obligé de nous arrêter pour re-
prendre haleine, le fût restait stationnaire au niveau
auquel l'avait élevé la dernière poussée d'air. Nous
avons pu nous assurer du fait suivant, c'est que l'air
s'échappait très-difficilement au travers du bois, et
plusieurs jours auraient été nécessaires pour permettre l'écoulement de tout l'air contenu dans ce
vase vinaire , sous l'influence même d'une charge
assez considérable. Cependant nous n'avions soumis ce fût à aucune préparation et il n'avait contenu
que du vin ; le résultat eût été bien autrement mo-
difié s'il eût contenu de l'huile ou des corps gras ;
alors des mois , probablement , n'eussent pas suffi
pour que l'air s'écoulât.

Nous ferons observer combien est peu considérable la force que nous avons mise en jeu pour produire cet effet. La poitrine n'est pas disposée de manière à produire avec énergie l'expulsion de l'air
contenu dans son intérieur; en effet, le mouvement
d'élévation et d'abaissement des côtes est très-obs-
cur dans les phénomènes de l'acte respiratoire. Un
homme peut facilement mettre en mouvement, à
l'aide de ses bras , une masse d'air mille fois plus
considérable avec la même puissance d'impulsion,
en appliquant la force qu'il peut développer à un
ventilateur (la vis pneumatique, le ventilateur à force
centrifuge de M. Combes, le tarare, etc.), encore la
force de propulsion des molécules de l'air est-elle
continue , tandis que, dans le cas des insufflations
par la bouche, elle est forcément intermittente, elle
décroît du reste avec rapidité, et devient à peu près

nulle dès que l'air n'est plus en assez grande quantité dans la poitrine; les muscles pectoraux perdent aussi de leur énergie de contraction, à mesure qu'on leur fait, depuis un plus long temps, accomplir un acte aussi inaccoutumé. Nous insistons à dessein sur ces détails, car ils prouvent qu'avec des forces infiniment petites on peut produire des effets considérables: pour preuve de ce que nous avançons, et l'expérience peut être faite facilement, nous avons pris une pièce de deux francs, nous l'avons placée horizontalement sur l'extrémité de l'embout en cuivre dont nous avons parlé, nous avons soufflé par l'autre, précisément avec la même force que celle que nous avions employée pour pousser l'air dans le fût; cependant il nous a été impossible de la soulever. Nous ajouterons même qu'avec le tube dont nous nous sommes servi dans l'expérience précédente, 3 millimètres de diamètre (cylindre creux), nous n'avons pas été plus heureux avec une pièce d'un franc. Comment expliquer ces phénomènes qui en apparence semblent constituer des anomalies dans le mode d'action des forces? Nous en donnerons prochainement l'explication.

Troisième expérience. — Nous avons mis dans un routoir plein d'eau une futaille de la capacité de douze hectolitres, nous l'avons coulée dans le sens de sa plus grande longueur, de telle sorte qu'un des fonds était à 1 mètre 50 centimètres sous l'eau, tandis que le fond opposé était au niveau du liquide. Nous avons chargé ce fond de quelques grosses pierres dont le poids était au moins de 200 kilogrammes; l'ouverture inférieure par laquelle la communication entre l'intérieur et l'extérieur pouvait se faire, était représentée par un carré long, ayant sur deux côtes une longueur de 40 centimètres, et sur les deux autres 30 centimètres. Un homme, en un mot, pouvait fort bien passer par cette ouverture. Pour faire pénétrer l'air au dedans, nous avons pris un soufflet sans soupape (¹) dont nous avons fait pénétrer l'extrémité par l'ouverture destinée au robinet. Au bout de trois minutes, nous avons pu le vider et l'élever assez haut pour qu'il ait été dès lors impossible à quatre personnes de le maintenir dans cette position d'équilibre. Avec des appareils mieux appropriés, construits dans l'intention d'éviter tout ce qui peut amener une perte de travail, on aurait sans doute obtenu le même résultat en moins de deux minutes de temps. Comment avons-nous pu en si peu de temps soulever et déplacer des masses relativement énormes? c'est ce que nous allons examiner. Tout d'abord nous dirons que, dans un cas comme dans l'autre, nous avions à vaincre la pression de la même colonne de liquide.

Dans le cas où le tube pénétrait par la bonde, nous avions à refouler la colonne liquide dans la masse environnante ; dans l'autre cas, celui où le tube pénétrait dans la partie supérieure du tonneau, nous avions à vaincre la même pression à l'intérieur. Nous disons la même, car l'eau, s'il y avait eu une ouverture ou si nous avions laissé le tube ouvert, serait montée précisément à la même hauteur que celle à laquelle se trouvait la masse environnante. Quelle est donc cette pression que nous avions à vaincre, quelle est sa grandeur, et comment pourrons-nous la mesurer?

La physique nous apprend que la pression qu'exercent l'eau et les liquides sur le fond d'un vase est proportionnelle à leur densité et à la hauteur de la colonne, indépendamment de la forme de ce

---

(¹) Un de ceux avec lesquels on insuffle les veaux et les moutons.

vase. Elle nous enseigne également que la colonne
d'eau qui fait équilibre à la pression atmosphérique
est de 10 mètres 330 millimètres ; la pression d'une
colonne de mercure au niveau de la mer est en
moyenne de 103 kilogr. par décimètre carré, et de
76 centimètres de hauteur : il faut une colonne d'eau
de 10 mètres 330 pour lui faire équilibre, mais
comme dans un décimètre carré il y a cent centimètres carrés, la pression barométrique ou d'une
atmosphère sera de un kilogramme par centimètre
carré environ (1^k,033). Si nous voulons chercher la
résistance qu'il faut vaincre pour faire arriver de
l'air dans le fût à un mètre de profondeur, nous
verrons d'abord que la force qui doit refouler la
colonne liquide est égale à un hectogramme ; puisque la hauteur est dix fois moindre, elle est donc
(0^k,103^g) ; mais pour avoir la résistance à vaincre
dans un tube de trois millimètres, il faut chercher
l'aire de ce cercle : on l'obtient au moyen de la formule πr^2. La lettre grecque π exprime le rapport qu'il
y a entre le diamètre et la circonférence ; il a été éva-
lué à 3,14 : c'est donc ce nombre que nous devons
multiplier par (r^2) ou le carré du rayon. Nous avons
le diamètre qui est connu, puisque nous avons dit
que le tube avait à son orifice pénétrant dans le fût
3 millimètres ; le rayon est la moitié du diamètre,
par conséquent il est égal à un millimètre et demi
ou 1,5. Ce nombre, élevé au carré, ou multiplié par
lui-même, donne 2,25, en le multipliant ensuite
par 3,14, on a l'aire qui est égale à 7 millimètres
plus des centièmes de millimètre que nous négli-
geons (7 $^{millim.}$,0650). Mais dans un centimètre carré
il y a cent millimètres carrés ; en divisant donc 103
par 100, nous aurons à peu près un gramme par
millimètre carré ; or, comme nous avons trouvé 7
millimètres, nous obtenons 7 grammes qui indi-

quent quelle est la force qu'il fallait appliquer à l'air pour lui faire vaincre la résistance d'une colonne d'eau ayant un mètre de profondeur. Il est facile de concevoir que si nous n'avions développé que cette force, il nous aurait été impossible de vider le fût en si peu de temps : la vitesse qu'avait l'air à son entrée était due à l'excédant de cette force sur la résistance de 7 grammes à vaincre. Maintenant, nous dirons que pour soulever la pièce de 2 francs, qui pèse 10 grammes, il faudrait que la pression de bas en haut fût appliquée précisément au centre de gravité de la pièce. Ce point n'est pas facile à trouver ; alors il arrive qu'elle est faiblement soulevée par un des côtés, et que l'air, perdant de son élasticité par la diminution de sa tension dans le tube, s'échappe, n'ayant plus la force suffisante pour soulever la pièce sur toute sa surface.

Comment nous sera-t-il permis de calculer la vitesse de l'air à son entrée dans le tonneau, maintenant que nous savons que la résistance à vaincre est de 7 grammes pour un tube de trois millimètres de diamètre et une profondeur de liquide égale à un mètre ?

L'air poussé dans le tonneau, après avoir franchi l'extrémité de l'embout de cuivre, se dilate, car il s'était légèrement comprimé dans le tube ; il s'étend en nappe à la partie supérieure de la cavité close, s'équilibre de pression avec l'eau. Son élasticité se fait sentir sur toutes les parois de son enveloppe : les unes, celles du tonneau, sont résistantes, et l'autre mobile, l'eau. C'est donc, comme nous l'avons déjà fait remarquer pour la bouteille, l'eau qui doit descendre pendant tout le temps qu'il arrivera de nouvelles quantités d'air, jusqu'à ce qu'enfin elle ait été toute chassée, et que l'air ressorte par la bonde. Si le tonneau se trouve chargé alors d'un poids trop considérable ; si, par exemple, on plaçait, pour un fût de 100 litres, 100 kilogrammes de pierres ou de fer, il ne pourrait se relever ; mais s'il est peu chargé, il s'élèvera, car la différence qui s'établit entre les densités du corps par la substitution de l'air à l'eau, fait que le corps immergé acquiert la propriété de flotter. La différence de ces deux densités est comme les nombres 770 : 1.

En effet, un tonneau en bois étant coulé et possédant une densité peu éloignée de celle de l'eau, si on le pèse dans ce liquide, accusera une perte de son poids primitif dans l'air, fort considérable ; si on remplace l'eau par l'air, il tendra à s'élever et jouira de la propriété de soulever des poids presque aussi grands que celui qu'il avait perdu. Supposons que sa capacité soit d'un hectolitre, le poids de ce tonneau coulé est, en faisant abstraction du bois, de 100,000 grammes lorsqu'il est plein d'eau ; lorsqu'il est plein d'air, il ne pèse que 130 grammes ; la différence en perte du poids éprouvée est donc de 99,870 grammes. Par conséquent, il pèsera moins que l'eau, et flottera (principe d'Archimède), et on pourra le charger d'un poids de 95 kilogrammes au moins, sans qu'il coule.

Il est donc bien clairement établi par les faits, qu'on peut vider l'eau dans l'eau en la remplaçant par un gaz non soluble, et qu'un tonneau de 1, de 10, de 100 hectolitres peut être vidé de l'eau qu'il contient, pourvu qu'on arrive à vaincre, sur une surface même fort peu étendue, la résistance due à la pression de la colonne liquide sur le fond de ce tonneau, en ne considérant que la hauteur de cette colonne et son diamètre. Par ces faits se trouve démontrée d'une manière irrévocable cette proposition : *Peut-on vider l'eau d'un vase en lui substituant de l'air ?*

Il nous reste à déterminer quelle est la vitesse d'introduction de l'air; c'est ce dont nous allons nous occuper.

Nous avons vu que la pression d'un liquide sur le fond d'un vase est due à sa hauteur, et que la vitesse d'écoulement d'un liquide est due à sa hauteur de chute. Pour l'air, il serait impossible de pouvoir agir comme on le fait pour des liquides; mais il est toujours facile de remplacer cette vitesse, due à la hauteur de chute, par une pression égale qui détermine, par conséquent, un écoulement de pareille vitesse. Nous avons vu que cette vitesse est égale à la racine carrée de 2 g, multiplié par la hauteur h. Comme la hauteur présumée de la colonne atmosphérique est 770 fois plus élevée pour l'air que pour l'eau, il faudra, pour avoir la vitesse d'écoulement de l'air, multiplier le chiffre indiquant la hauteur de l'eau par 27.76, qui est la racine approchée du nombre 770. Ainsi, si on a pour une vitesse d'écoulement d'un liquide, 3ᵐ220, par exemple, il faudra multiplier ce nombre par 27.76 pour connaître la vitesse de l'air, qui est du reste toujours très-grande, à cause de son peu de masse.

Prenons un exemple, car les exemples font mieux comprendre les problèmes qui ont besoin d'être résolus. Nous voyons à la table (écoulement des liquides), que c'est une propriété inhérente à ces corps, de fournir, pendant le même temps, un débit égal en volume, pourvu que leurs molécules jouissent d'une grande fluidité et que leur écoulement s'effectue dans des conditions identiques. Bien que nous nous occupions en ce moment de l'air, supposons que nous fassions les calculs, comme si c'était de l'eau, nous aurons ensuite à multiplier le résultat par 27.76, racine carrée, de la densité de l'air rapportée à l'eau, au point de vue de la vitesse d'écoulement.

Supposons donc que nous ayons un écoulement d'eau dû à une hauteur de chute de 7 mètres : nous trouvons à la table, 11^m718.

Si nous avions une section inférieure de 1 mètre, nous aurions pour la dépense ou le débit, pour une seconde de temps, 11 mètres cubes 718 millièmes. Ces 11 mètres cubes 718 millièmes représentent le volume.

Si nous avons la même hauteur, 7 mètres, pour 1 centimètre carré de section d'ouverture, nous n'aurons pour représenter le débit qu'une quantité dix mille fois moins grande (10,000), puisqu'un mètre carré contient dix mille centimètres carrés (10.000^c.^c.), c'est-à-dire, 1.171 centimètres cubes ou 1 litre 171 millièmes de litre, ou 1.171 grammes en poids pour une seconde. Si l'on suppose que l'écoulement se fait par un ajutage convenable, au lieu de 35 centimètres de perte, on n'aura plus que 6 pour 100 pour la contraction de la veine-fluide, ce qui réduit le débit à 1.043 centimètres cubes ou grammes, pour une seconde de temps, et à 104.310 centimètres cubes, ou 104 litres 317 millièmes de litres, ou 104 kilogrammes 317 grammes pour 100 secondes de temps.

Il est facile, en suivant la même marche, de se rendre compte du débit d'un liquide quand on connaît sa hauteur et la grandeur de la section inférieure d'écoulement. On pourra de même obtenir l'écoulement, de bas en haut, en se servant du même calcul.

La contraction de la veine-fluide avec ajutage conique, légèrement convergent, ne fait éprouver qu'une perte de 6 pour 100, tandis qu'elle peut aller jusqu'à 35 pour 100 si on n'emploie pas d'ajutage.

Pour obtenir le volume d'air qui peut être introduit dans une cavité fermée par le haut, dans les mêmes circonstances que ci-dessus, il suffira de multiplier le résultat par 27.76, qui est la racine carrée approchée du nombre 770. Ce nombre, comme nous l'avons déjà vu, indique combien de fois l'eau pèse plus que l'air sous le même volume. Nous aurons donc à multiplier 1.043.17 par 27.76; car la contraction de la veine-fluide pour les gaz est à peu près la même ou un peu moindre; le produit est de 28 litres 446 millièmes de litre par seconde, et, pour 100 secondes, il est de 2.844 litres 626 millièmes. Ce résultat indique bien la quantité d'air puisée au sein de l'atmosphère; mais il y a compression de l'air à l'intérieur, sous l'influence de la poussée de l'eau. Cette pression est égale, comme nous l'avons vu dans la description de la loi de Mariotte, à une colonne de 10^{m}330 de hauteur d'eau pour une atmosphère; elle sera égale pour une colonne d'eau de 7.000 millimètres à 687 grammes, puisque le poids occasionné par la pression est de 1 kilogramme environ par centimètre carré pour une atmosphère.

C'est-à-dire, que si le poids d'une colonne d'eau de 10 mètres 330 millimètres produit une pression de 1.033 grammes par centimètre carré de base, elle sera, pour la même surface, de 687 grammes à peu près, si la colonne d'eau n'a que 7 mètres de hauteur.

Nous avons vu, en parlant de la loi de Mariotte, que les gaz occupent d'autant moins de volume qu'ils supportent une pression plus considérable. Pour deux atmosphères de pression, le volume de gaz se réduit donc de moitié; exemple : si on plonge un tube gradué, plein d'air, fermé par le haut, à 76 centimètres de profondeur, dans le mercure, ou à 10^m330 de profondeur dans l'eau, on verra, si on place à l'intérieur un index qui ne puisse redescendre, que, dans un cas comme dans l'autre, le liquide est monté jusqu'au milieu du tube dans son intérieur.

Si nous prenons le rapport approché le plus simple, nous verrons que les nombres 1.000 et 687 sont à peu près comme 3 est à 2, comme 7.000 : 10.330 (::3:2) ou $\frac{3}{2}$; par conséquent, quand la compression de l'air sera de 3 pour une atmosphère, elle ne sera que de 2 pour 7 mètres, qui, comme nous l'avons dit, sont environ les 2/3 de 10^m330. La perte du volume introduit, à deux atmosphères de pression, est de moitié; par conséquent, elle ne sera que $\frac{1}{3}$ pour la colonne d'eau de 7 mètres. Il est donc utile de diminuer d'un tiers le résultat obtenu plus haut, pour avoir le cube de l'air introduit dans l'appareil fermé; il est de 18 litres 964 millièmes par seconde.

Supposons que nous ayons à vider un bâtiment de toute l'eau qu'il contient. Comme, dans le cas précédent, l'ouverture est située à 7 mètres de profondeur au-dessous de la surface du liquide, elle est d'un décimètre carré et se trouve dans sa partie la plus profonde. Le pont inférieur est hermétiquement fermé, et nous introduisons au travers de ce pont un tube se terminant par un orifice dont la section qui est dans la cale est d'un centimètre carré. Nous demandons combien il nous faudra de force employée pour communiquer à l'air qui entre une vitesse de 11^m718 par seconde.

Il nous sera facile de répondre à cette question. Nous avons vu que l'air, sollicité par une pression égale à 687 grammes, fait équilibre à une colonne d'eau de 7 mètres de hauteur pour un centimètre de base. Pour repousser l'eau avec la vitesse de 11 mètres 748 par seconde il faudra une pression double, c'est-à-dire 1,374 grammes, agissant sur l'air.

On demande maintenant combien on pourra, avec une force dix fois supérieure, c'est-à-dire de 1,374 grammes, faire sortir de liquide du bâtiment, si un homme travaille pendant trois heures. Ce calcul est tout simple ; il s'agit de trouver combien il y a de secondes dans trois heures. Nous trouvons 10.800, nombre que nous devons multiplier par 18 litres 964 millilitres. Le produit de ces deux nombres, qui nous donne le cube d'air introduit, ayant refoulé un volume égal d'eau (puisque nous calculons en prenant l'air qui est comprimé), est de 205.844 litres 200 millilitres. Nous négligerons dans ce cas les fractions de litre pour une pression de $1^k.374^g$. Mais, comme nous l'avons dit, nous supposons qu'un homme produit dix fois plus de travail ou $13^k.740^g$ d'une manière constante et continue pendant trois heures ; alors il faut rendre le nombre 205.844 litres dix fois plus fort, ce qui donne 2.058.442 litres ou 2.058 tonneaux de mer ou mètres cubes. Mais un poids de deux mille cinquante-huit tonneaux d'eau déplacée n'est pas indifférent pour faire flotter un bâtiment. Du reste, il est aisé de comprendre qu'on puisse augmenter la puissance de la force dans de grandes proportions.

Il suffira, nous le pensons, d'avoir donné ces exemples pour avoir d'une manière approchée fait comprendre comment les choses se passent dans tous les cas [1].

Il est un point important que nous ne pouvons passer sous silence, c'est que, si on suspend le travail avant que toute l'eau ait été chassée, le liquide

---

[1] Ces résultats, qui ne sont qu'approximatifs, nous semblent suffisants pour montrer de quelle manière les choses se passent.

gardera son niveau dans le vase ou bâtiment, comme nous l'avons vu dans le cas de la bouteille.

Par là se trouve démontrée cette proposition que nous avons émise plus haut, et nous dirons cette fois : *Il est possible de vider l'eau contenue dans un vase en lui substituant de l'air.*

Qui pourrait nier l'analogie qui existe entre un navire et un tonneau? Nous faisons remarquer que notre manière de voir n'est applicable, toutefois, qu'aux bâtiments pontés. En effet, un navire peut être considéré comme ayant une cavité qui peut devenir hermétiquement close, si on a soin de fermer les écoutilles et autres ouvertures accidentelles ou ménagées dans l'épaisseur du pont; qu'il est destiné à flotter, et est affecté au transport des hommes et des marchandises.

Son poids moyen, en le jaugeant, doit être moindre que 1.000 kilogrammes par mètre cube d'eau déplacée. En effet, si la densité moyenne du bois dont il est fait, de son gréement, de l'air qu'il contient dans sa coque, des métaux, du fer ou autres poids lourds qu'il renferme et qu'il transporte devenait plus grande que celle de l'eau à volume égal, il coulerait nécessairement.

Nous avons vu pourquoi ailleurs (principe d'Archimède) un navire doit s'enfoncer à mesure qu'on le charge, car dans ce cas on augmente son poids sans changer son volume, attendu que les marchandises viennent occuper la place de l'air. L'équilibre qui s'était établi se détruit, l'eau affleure ses bords plus haut que précédemment, et la surface de flottaison s'établit de nouveau.

S'il advient que dans un navire chargé il se forme une voie d'eau, à mesure que ce liquide entrera, il prendra la place de l'air qui s'écoulera sans qu'on le voie par les écoutilles, et comme la densité de ces deux fluides est fort différente, une conséquence fatale forcera le navire à couler bas, si l'équipage est impuissant pour enlever toute cette eau qui entre continuellement avec une force d'autant plus grande que l'ouverture est située plus bas.

Les vides du bâtiment ne sont autres que les espaces occupés par l'air. La preuve du fait est simple à donner. Disons d'abord que l'homme ne peut vivre là où il n'y a pas d'air ; cette preuve est donnée de deux manières, si on ferme les écoutilles et autres ouvertures : 1° L'air, en vertu de son élasticité, résiste à l'eau et s'oppose à son élévation malgré la grandeur de la voie ; 2° Si on fait passer au travers du pont un tube pour faire écouler l'air, on verra qu'il se meut avec rapidité et que l'eau monte d'autant plus rapidement que la fuite de l'air est plus considérable. Hé bien, il résulte de ces faits que l'air est un corps matériel, et que la voie d'eau peut être bouchée par lui tout aussi bien que par un autre corps, bien que nous n'ayons pas la faculté de l'apercevoir.

Du reste, depuis notre découverte, qui remonte à plus d'une année, on ne peut douter de son antériorité puisque nous avons pris un brevet d'invention en France, le 18 décembre 1858. De nombreux travaux de ce genre ont été entrepris, soit en France, soit à l'étranger. Nous mentionnons particulièrement les expériences du docteur Payerne pour les bateaux sous-marins ; les ponts de Culoz, du Rhin à Kehl, qu'on construit actuellement. On emploie d'immenses tubes qu'on coule perpendiculairement dans le fleuve ; des hommes sont introduits à l'intérieur ; le couvercle se baisse, on ferme hermétiquement ; puis les ouvriers descendent en dessous de l'eau à mesure qu'on pousse de l'air, et ils creusent jusqu'à ce qu'ils aient atteint la profondeur voulue pour jeter les fondations des piles. Cette profondeur est, en certains points, de 20 mètres au-dessous de la surface de l'eau. Hé bien, à cette pression de quatre atmosphères (deux au-dessous du fleuve), des hommes peuvent, sans trop de fatigue, vivre et travailler. Il est inutile de dire que le pont du Rhin se fait dans des proportions grandioses, et que par conséquent l'eau à déplacer offre un volume énorme.

Quiconque a vu ces énormes gazomètres, ceux de Paris, par exemple, pourra se convaincre qu'il est peu de navires dont la *cale* puisse jauger autant. Cependant le gaz de l'éclairage, au bout d'un certain temps, les soulève, et si on n'ouvrait des robinets d'écoulement pour donner issue au gaz par des tuyaux souterrains, il finirait bientôt par vider entièrement l'eau qui se trouve à l'intérieur de ces gazomètres. Ici, la cloche de tôle est équilibrée par des poids et ne peut que s'élever ou s'abaisser. Il n'en est pas de même de l'équilibre des navires. En effet, il ne suffit pas qu'un navire soit chargé indifféremment sur le pont ou dans la cale ; il est de toute nécessité que son poids le plus grand, ou ce qu'on appelle en physique le point de gravité, soit situé le plus bas possible. C'est pour cette raison qu'on place au fond du bâtiment les parties les plus lourdes ; elles constituent le lest. Toutes ces matières doivent avoir une densité spécifique plus grande que l'eau. On conçoit, en effet, que s'il n'en était pas ainsi, le centre de gravité ne pourrait être situé au-dessous du liquide, et la physique nous apprend que, dans ce cas, sous l'influence de la moindre lame ou du moindre vent, le navire devrait chavirer.

C'est même ce qu'on voit arriver trop souvent. Un bâtiment naviguant sur lest est quelquefois soudainement assailli par un fort grain alors qu'il a ses voiles dehors ; le vent agissant avec force sur les mâts comme levier par le moyen des voiles, fait dévier le navire de sa position d'équilibre, le centre de gravité se déplace, le bâtiment se couche sur le flanc, prend l'eau à son intérieur, et, ne pouvant plus se relever, finit par sombrer tout à fait. Le lest qui se trouvait dans le bas retombe vers le pont de la cale qui est devenu inférieur, et la quille se tourne vers le haut. Deux cas peuvent se présenter pour un bâtiment qui sombre ; ou bien l'eau s'est introduite en assez grande quantité et alors il disparaît sous les flots ; ou bien il est plus léger, alors il se tient encore sur l'eau à l'aide de l'air qui est renfermé dans la cale et qui ne peut s'échapper que très-difficilement au travers des pores du bois ou des fentes ; mais quand le navire est bien doublé, il ne s'échappe pas du tout ; alors il finit par être jeté à la côte et peut, dans certains cas, parcourir ainsi de fort grandes distances, soutenu seulement par l'air. Il n'est pas de marin, ayant navigué longtemps, qui n'ait vu ce phénomène ou qui n'en ait entendu parler.

Nous dirons donc que ce fait, quoique rare, est loin d'être sans exemples. Voici comment les choses se passent d'habitude : les voiles qui n'ont pas été serrées, les mâts qui n'ont pas été rompus, gênent considérablement la marche du navire renversé ; il éprouve de temps en temps des oscillations qui font que l'air peut sortir et que l'eau le remplace. Le navire, devenant spécifiquement plus pesant que l'eau, coule alors. On peut donc voir par là que cet accident, qui est très-rare pour les vaisseaux ou bâtiments à plusieurs ponts, devient au contraire des plus fréquents quand il s'agit de petits navires ou de barques de pêcheurs.

Nous insistons sur ce point parce que le fait prouve jusqu'à l'évidence que toutes les assertions que nous avons émises à ce sujet sont fondées et portent avec elles le cachet de la vérité.

Ce n'est plus d'un tonneau à un navire que l'analogie s'étend et que nous voulons transporter notre mode de procéder. C'est le bâtiment lui-même qui est rendu insubmersible; et qu'on ne dise pas qu'on peut révoquer en doute l'expérimentation, parce que l'expérimentateur a pu être induit en erreur, car ici ce sont les éléments mutinés qui se chargent de nous donner cet enseignement.

Nous sommes, pour notre part, fort étonné que l'observation bien analysée de ce phénomène n'ait pas conduit plus tôt à la découverte dont nous nous occupons, alors que tant d'habiles marins, pleins d'humanité et de science, ayant si souvent à défendre leur vie contre tant de chances si diverses, ont fait tant et de si louables efforts pour arracher aux flots sa moisson de victimes et de richesses.

Une observation de ce genre, comme nous l'avons déjà vu, amena Christophe Colomb à découvrir le nouveau monde.

Maintenant que nous croyons avoir prouvé que la cavité, pourvu qu'elle soit close, n'a aucune influence, qu'elle soit grande ou petite, qu'elle ait un litre de capacité ou un million de litres, qu'elle ait une forme ou une autre, nous allons dans le chapitre suivant donner une idée générale des principales parties d'un bâtiment : nous n'entendons nous occuper que de celles dont la connaissance est indispensable pour les différentes parties de notre système, considérant toutes les autres parties comme accessoires, et par conséquent comme n'offrant pour nous qu'une utilité fort secondaire.

DESCRIPTION SUCCINCTE

DE QUELQUES PARTIES D'UN BATIMENT.

Tout le monde connaît la forme d'un bâtiment. La *coque* est cette partie compacte au dehors, qui s'étend de la proue à la poupe; elle a une forme demi-ovalaïre, et peut être divisée en deux parties similaires par un plan médian; le côté droit a reçu le nom de tribord, et le côté gauche celui de babord, pour l'observateur qui regarde de l'avant vers l'arrière.

Une partie est située au-dessus de l'eau, et l'est d'autant plus que le bâtiment est moins chargé, c'est la partie qui offre le plus de surface; l'autre, celle qui est immergée se rapproche de plus en plus du plan médian et se termine à sa partie inférieure par une espèce d'arête effilée qui occupe presque toute la courbure du navire. Elle est plus ou moins longue, et sert à fendre l'eau pendant la marche du bâtiment; elle a reçu le nom de *quille*.

Cette quille, pour les plus grands navires qui se construisent aujourd'hui (¹) (le Léviathan excepté), n'est jamais plongée à plus de 9 mètres au-dessous de la surface de flottaison du navire. Ce fait, à notre point de vue, a son importance, parce qu'il donne là limite de la puissance que nous devons mettre en jeu pour rendre insubmersibles tous les bâtiments pontés, depuis les vaisseaux à trois ponts jusqu'aux barques de pêcheurs. A l'avant se trouve le mât de beaupré, qui, au lieu d'être perpendiculaire comme les autres, est au contraire très-incliné, de sorte que les marins peuvent aisément marcher dessus.

(¹) Ce bâtiment porte aujourd'hui le nom de Great-Extern.

Le beaupré a servi bien des fois, dans les combats maritimes, de pont pour monter à l'abordage. A l'arrière de la coque se trouve plongée sous l'eau une partie qui est absolument essentielle à la navigation : nous voulons parler du gouvernail. C'est une pièce mobile, présentant à l'eau une surface assez étendue, à l'aide de laquelle, dans les circonstances ordinaires, on peut changer à volonté la direction d'un navire. La coque est construite avec du bois ou du fer.

Quand les navires, et c'est le cas le plus fréquent, sont construits en bois, les pièces fixées solidement entre elles sont ajustées avec le plus grand soin ; du reste, elles sont reliées de distance en distance par d'autres pièces qui font saillie à l'intérieur et figurent assez bien des côtes d'animaux. Ces membrures ont pour effet de s'opposer aux dislocations qui pourraient survenir dans les pièces de la coque sous l'influence des différents chocs qu'elle est exposée à supporter ; elles ont donc pour objet d'établir une solidarité entre toutes les parties de la coque. On emploie généralement des clous de cuivre, parce que ce métal n'est pas susceptible, comme le fer, de s'oxyder en présence de l'eau salée, ou au milieu des émanations continuelles qui s'échappent de la mer et pénètrent constamment à l'intérieur des bâtiments.

La coque des bâtiments en fer est à peu près dans le même cas, moins cependant l'épaisseur des parois, vu la grande ténacité du fer. Lorsque les navires sont faits avec du bois, il est nécessaire que les pièces qui composent la coque soient assez bien réunies entre elles pour que l'eau ne puisse s'introduire au travers des vides laissés entre ses parties : elle doit avoir des parois épaisses et être faite d'un bois dense et peu poreux ; car chacun sait qu'un des plus grands inconvénients qui puissent fatiguer la marche d'un navire, c'est que ce dernier prenne l'eau.

Tous les soins apportés dans la construction d'un bâtiment en bois ne peuvent le mettre entièrement à l'abri de ce désagrément ; aussi a-t-on été obligé de recourir à d'autres moyens, et de remplir d'autres conditions, pour rendre les bâtiments imperméables au liquide dans lequel ils flottent.

Comme les bâtiments en marche éprouvent une résistance de la part du liquide à déplacer, l'eau a une plus grande tendance à traverser les pores, vides, fentes ou fissures du bois. Une des principales causes qui influent sur les navires pour produire des vides, des fentes ou des fissures, dans ou entre les différentes parties constituantes de la coque, c'est la chaleur. Suivant qu'ils sont plus ou moins soumis à l'action de cet agent, les bois se dilatent ou se contractent. La chaleur a, en effet, la propriété de faire changer de volume à tous les corps à peu près : les bois semblent être une exception ; car, au lieu de se dilater sous l'influence d'une température plus élevée, ils se contractent au contraire ; ce resserrement qu'ils éprouvent dans leurs fibres est dû à l'évaporation des liquides qui étaient contenus dans leurs pores et dans leurs cellules. Cette puissance de retrait est extrêmement considérable ; aussi les membrures sont insuffisantes pour paralyser l'action que produit indirectement sur les bois la chaleur.

Lorsqu'ils reprennent leur humidité, leur volume augmente de nouveau. C'est donc avec des bois bien secs, et peu susceptibles de se décomposer, que la coque doit être construite.

Pour obvier à ces inconvénients, on calfate les navires, c'est-à-dire qu'on introduit, dans les vides,

des étoupes ou du feutre, qu'on recouvre de goudron. Nous n'entreprendrons pas ici de dire de quelle manière s'opère le calfatage. Nous ferons seulement observer que le bois devient plus imperméable à l'eau lorsqu'on enduit sa surface de corps gras, tels que goudron, peinture, vernis, parce que l'eau ne mouille pas ces corps, ce qui signifie que l'attraction qui a lieu entre les molécules de l'eau et ces corps est moindre que celle qui retient celles de ce liquide unies entre elles. On observe précisément l'effet inverse quand l'eau est en contact avec le bois, le verre, et la plupart des autres substances. Beaucoup de navires reçoivent, en outre, un doublage en feuilles de cuivre dans toute la partie de la coque susceptible d'être immergée.

Le pont. — Le pont est ce plancher qui s'étend horizontalement dans toute l'étendue d'un bord à l'autre d'un bâtiment. Il ferme supérieurement tout l'espace de forme ovale que forme la coque.

Il est unique dans un grand nombre de bâtiments, surtout dans les petits navires. D'autres en comptent deux ou trois ; de là, l'expression fort usitée de vaisseau à deux ponts ou à trois ponts.

Nous ne nous occuperons absolument que du pont inférieur, celui qui forme la voûte, qui isole la cale des autres parties d'un navire, parce que nous n'avons qu'à apporter quelques modifications légères à son état actuel dans les bâtiments susceptibles de naviguer pour le rendre, pour ainsi dire, le point d'appui de notre système.

Les ponts situés au-dessus, ainsi que toutes les autres parties qui sont supérieures, ne nous présentent aucun intérêt. Le pont est construit avec des pièces de bois équarries, adossées les unes contre les autres, et rapprochées de telle sorte que ni l'eau ni l'air ne puissent les traverser. Elles s'étendent de

l'avant à l'arrière, occupant toute la surface qui
sépare les deux bords du bâtiment, parallèles entre
elles, formant une voûte à convexité tournée vers
le haut, dont la courbure appartient à une circonférence dont le rayon est généralement très-grand ;
leur épaisseur doit être assez considérable pour ne
pas céder sous le poids des matières pesantes qu'on
y entasse ou qu'on y roule avant de les descendre
dans la cale. Nous ferons remarquer qu'il se rencontre souvent des chargements qui ne peuvent se
faire que sur le pont, les bois de construction, par
exemple, ainsi que des machines et autres marchandises volumineuses et pesantes qu'on ne pourrait
faire passer par les écoutilles pour les transporter
dans la cale.

Pour une autre raison, il doit présenter beaucoup
de solidité ; car il sert à maintenir la solidarité de
résistance qui doit exister entre toutes les parties
d'un navire, pour s'opposer, par exemple, à l'action
de destruction que le choc des lames tend à produire
sur le côté du navire sur lequel elles viennent frapper.

Il sert à disséminer, dans le navire entier, cet
effort qui, sans lui, n'agirait que sur un point et
tendrait à enfoncer et à ouvrir ses flancs. Lorsque,
par des mauvais temps, la mer frappe avec violence
un des côtés du bâtiment, il est utile, pour que les
parties latérales ne cèdent pas à l'impulsion qui leur
est communiquée, qu'une force opposée vienne
détruire cette force en répartissant son action sur
une grande partie du navire. Le pont, servant
d'étai d'une manière efficace pour s'opposer au
rapprochement des deux moitiés similaires du navire, remplit ces conditions. Il se passe là un phénomène dans le genre de celui qu'on observe
quand on presse entre les deux mains un œuf par

les deux bouts ; bien que la force développée soit très-grande, on ne parvient que difficilement à le briser, en tant que les forces sont appliquées dans une direction inverse suivant le même plan.

Alors même qu'il y a solution de continuité dans la substance, le même effet se produit ; aussi la transmission des pressions que le navire peut recevoir sur un point, a-t-elle lieu sans amoindrissement, bien qu'il soit percé d'ouvertures. L'expérience prouve que des colonnes creuses, d'une matière homogène, de fonte, par exemple, supportent un poids à peu près aussi considérable que si elles étaient pleines. Il est bien entendu qu'on doit conserver aux parois une certaine épaisseur. Les piliers des voûtes supportent le poids d'un édifice, quand elles sont assez rapprochées, tout aussi bien que si les vides étaient pleins.

Le pont est destiné également à offrir un point d'appui résistant aux mâts qui le traversent. Il doit, par sa solidité, s'opposer aux tractions qui s'opèrent, tantôt dans un sens, tantôt dans un autre, sous l'action du vent, agissant par les voiles sur les mâts pour les transformer en leviers. Les mâts, il est vrai, sont fixés par des haubans partant des deux bords ; mais les chaînes et les cordages ne pourraient empêcher en aucun cas la dislocation du pont s'il ne trouvait, dans la solidité de sa construction, une puissance suffisante pour résister à l'effort d'entraînement des mâts. Pour que le pont offre assez de solidité, eu égard à l'application de notre système, il suffit qu'il puisse résister, de bas en haut, à une pression de 700 grammes au plus par centimètre carré, pour les vaisseaux de premier ordre. Cette pression est moindre si le navire cale moins d'eau ; elle n'est plus que de 300 grammes pour des petits navires, et insignifiante pour des barques de pêcheur.

On comprendra facilement que les madriers qui forment le pont soient en état de résister à cette pression, quand ils supportent de haut en bas des poids de soixante mille kilogrammes sans se rompre, bien que ces poids ne touchent pas le pont sur une étendue de plus d'un décimètre carré ; ce qui fait 600,000 grammes au lieu de 700, ou 6,000 hectogrammes au lieu de 7, ou comme 859 est à 1. Les locomotives, certaines roues ou volants de mécanisme, des machines à vapeur pour de grands bâtiments pèsent encore bien plus ; cependant on les fait rouler sur le pont, où elles ne le touchent que sur un petit nombre de points.

Le bois de chêne est donc capable de supporter des pressions assez fortes, ce que nous notons pour n'avoir plus à y revenir. Nous dirons seulement que le poids des marchandises ou des manœuvres qui sont sur le pont représente souvent un poids plus considérable que cette poussée de bas en haut ; ne reste-t-il donc rien pour la résistance de ces madriers faisant corps ensemble et pour leur poids qu'il faut encore déduire, ainsi que la plus grande partie de celui des étages supérieurs qui pèsent sur lui.

Le pont est percé de une ou deux ouvertures qui font communiquer la cale avec l'étage supérieur ; elles sont destinées à permettre l'introduction de la plupart des marchandises, etc., dans les diverses soutes ou compartiments de la cale ; elles ont reçu le nom d'*écoutilles*. Nous aurons bientôt à signaler une modification importante à exécuter à propos de ces ouvertures.

Nous laisserons de côté les autres ouvertures, telles que les conduits de ventilation ; elles sont en général de petite dimension et ne nous intéressent guère.

La cale. — Il se trouve dans le bas du navire une cavité spacieuse que l'on nomme *cale* ou *fond de cale ;* elle est divisée en plusieurs compartiments qui ont reçu diverses dénominations suivant l'usage auquel elles sont affectées. Ainsi, il y a la *soute* aux poudres, la soute aux liqueurs, au biscuit. La *cale* renferme également le vin et les farines.

Autour du grand mât se trouve l'archipompe, espèce de retranchement construit autour des pompes, pour les mettre à l'abri des chocs et permettre au maître calfat de les visiter. Les tuyaux des pompes plongent jusqu'au fond de cale et sont destinés à retirer l'eau qui s'écoule de toutes les parties du navire.

Quand il se forme une voie d'eau qui menace de faire couler le bâtiment, c'est alors qu'on fait force de pompes pour empêcher la submersion. La cale reçoit encore les porte-chaînes ; la soute aux voiles, la soute à l'eau, contenant des caisses en fer pleines d'eau, se trouvent également dans la cale. La cambuse est aussi dans la cale ; c'est le puits à charbon pro-proprement dit. C'est la partie du bâtiment où chaque jour se distribuent les vivres ; c'est là que se tient, dans les grands bâtiments, le commis aux vivres, qui a pour mission de donner les rations de biscuit, de salaison, d'eau-de-vie, de vin, etc. C'est également à fond de cale qu'on place le lest du bâtiment.

On évalue le tonnage d'un bâtiment d'après la quantité d'eau qu'il déplace ; le tonnage représente le poids du bâtiment, poids égal à celui de l'eau déplacée. L'unité de poids est le tonneau, qui pèse 1,000 kilog. Quand on dit qu'un navire jauge 600 tonneaux, on entend par là qu'il peut, sans sortir des bonnes conditions de navigation, supporter un poids de 600,000 kilog., 600 mètres cubes d'eau, ou un poids égal de marchandises.

On appelle *surface de flottaison* le plan qui, passant par le navire, se trouve se confondre avec la surface de l'eau ; c'est le niveau d'affleurement de la surface libre du liquide. Suivant qu'on charge ou qu'on décharge, elle descend où monte, quand le bâtiment s'enfonce ou s'élève, puisque le poids du bâtiment doit toujours représenter celui de l'eau déplacée.

Si on charge un navire d'un poids de dix mètres cubes et qu'il présente une étendue en surface de 100 mètres carrés à sa ligne de flottaison, il devra s'enfoncer d'un décimètre, puisque cent mètres carrés contiennent dix mille décimètres carrés qui, multipliés par un décimètre de hauteur, donnent (10,000 $^{\text{décim. cubes}}$) dix mille décimètres cubes, ou dix mille litres, le tonneau contenant 1,000 litres ou 1,000 kilog.

Mais ces résultats sont modifiés par la pesanteur spécifique de l'eau de mer qui est plus considérable que celle de l'eau douce ; elle est de 1,026 kilog. Pour savoir combien un poids de 1,000 kilog. de cette eau cubera de litres, il suffit d'établir la proportion suivante : $1,026 : 1,000 :: 1,000 : x$. On trouve pour la valeur de x 974 litres 6 dixièmes. La différence est donc de 25,4 que l'eau occupe en moins par mètre cube ; cette différence est donc en faveur du chargement, puisque l'eau de mer est plus pesante. Du reste, la salure des mers, qui est cause de l'augmentation de densité, n'est pas la même pour toutes les mers, celles qui sont intérieures étant plus salées.

APPAREILS ET INSTRUMENTS.

Le système dont nous allons donner la description n'est, nous l'avons déjà dit, absolument applicable qu'aux bâtiments pontés, mais tous ces derniers peuvent, depuis les vaisseaux à trois ponts jusqu'aux plus petits navires et aux barques de pêcheurs, recevoir son application sans qu'il soit nécessaire d'apporter le moindre changement dans leur construction. La forme, la dimension, qu'ils soient en bois ou en fer, n'influe en rien sur le résultat définitif.

Nous dirons cependant que ceux qui sont en fer nous semblent réunir tellement bien toutes les conditions, qu'il nous est impossible de concevoir comment ils pourraient se perdre autrement que par le fait de négligence et d'oubli, en ne remplissant pas les conditions telles que nous allons les indiquer, pour assurer leur conservation.

Les appareils que nous allons décrire, ainsi que les dispositions qui s'y rapportent, sont les suivants :

1° Le pont, qui forme la paroi supérieure de la cale, est le seul dont nous nous occuperons.

Malgré les soins apportés à la construction de cette partie du navire, il arrive assez souvent que, sous l'influence d'une température sèche, il y a distension et écartement des pièces de bois qui sont assujetties les unes contre les autres par les membrures ou autres moyens d'union qui les relient entre elles. Le bois, en se retirant, peut laisser de petites fentes par lesquelles l'air peut passer ; lorsque l'humidité règne au contraire dans l'atmosphère, les madriers qui forment le pont tendent à se rapprocher.

Pour obvier aux inconvénients du premier de ces effets, l'écartement, qui n'est du reste jamais considérable, nous ferons calfater le pont avec du feutre et du goudron, puis nous ferons clouer sur le bois de toute la partie inférieure du plancher formant ce pont, ainsi que sur toutes les parois latérales des bords à l'intérieur jusqu'à la surface moyenne de flottaison, une toile goudronnée ; puis, par-dessus cette toile, des feuilles de cuivre, de zinc, ou de métal recouvert de zinc, par les procédés galvanoplastiques. Le fer-blanc même peut être utilisé. En un mot, nous ferons doubler à l'intérieur le pont et la partie des deux bords situés au-dessus de l'eau, en clouant des feuilles métalliques de un demi, un ou deux millimètres d'épaisseur ou plus même, suivant les bâtiments.

Nous chercherons, dans le choix que nous ferons du métal, deux qualités essentielles, qui sont le peu d'altérabilité par l'eau de mer et par l'air, et l'économie. De plus, ces feuilles, au lieu d'être parfaitement unies et tendues, auront avant leur emploi été passées entre les cylindres d'un laminoir à cannelures très-peu profondes, de manière que leur surface soit ondulée à peu près comme certaines vitres de verre que tout le monde a pu voir et remarquer.

Cette disposition de la surface des feuilles métalliques a son utilité, en ce qu'elle permet de suivre la dilatation du bois, et fait que non-seulement on peut les clouer, mais encore les souder entre elles.

Nous entrons dans ces détails, qui ne sont pas sans importance, parce que nous voulons, par-dessus tout, empêcher à l'air contenu dans la cale de s'écouler à un moment donné par la partie supérieure et latérale de cette cavité. Toutes les autres ouvertures qui font communiquer la cale avec l'atmosphère ou les étages supérieurs d'un bâtiment, doivent pouvoir être bouchées hermétiquement en temps opportun. Il est donc utile de fermer avec soin toutes les lacunes ou orifices normaux qui n'ont pas une raison absolue d'exister, telles que les bouches de ventilateurs, qui pourront, comme nous le verrons par la suite, être supprimées sans inconvénients. Les écoutilles, overtures pratiquées dans l'épaisseur du pont pour les besoins du service, pour la circulation dans le bâtiment, pour permettre de monter ou de descendre les marchandises dans la cale, sont à peu près les seules qui pourront rester, sans être fermées dans les circonstances ordinaires. Mais à la moindre alerte, à l'annonce du moindre danger, et toutes les fois qu'il fera un gros temps, ou que les brouillards régneront sur la mer, elles doivent pouvoir être fermées. Elles devront l'être toutes les fois que le vent sera impétueux, qu'il changera de direction, qu'on fera des manœuvres par un mauvais temps, qu'on sera près des côtes, que les brumes seront très-épaisses.

Ces conditions une fois remplies, le navire n'a plus à courir d'autres chances de perte que celles qui peuvent venir d'un abordage ; car, dans cet état, serait-il coulé par un autre navire, qu'il se relèverait, si le pont inférieur n'a pas été endommagé ; sombrerait-il, qu'il n'irait pas au fond, car l'air de la cale le ferait se relever. On fermera les écoutilles avec un couvercle fait avec du fer ou des plateaux de chêne, capable de supporter un poids de 1 kilogramme par centimètre carré, sur toute leur surface; de plus, ils doivent être reliés entre eux par des armatures en fer suffisamment solides et résistantes. Il est bien entendu que ce couvercle peut être fait en toute autre matière, pourvu qu'elle remplisse les conditions indiquées. Le couvercle, dans sa partie qui doit adhérer avec le rebord des écoutilles, sera garni d'un bourrelet d'une épaisseur de deux ou trois centimètres, en cuir ou en gutta-percha, destiné à s'appliquer d'une manière exacte contre ce rebord. En un mot, il faut qu'on puisse adapter avec promptitude à tout événement ce couvercle, soit dessus, soit dessous, et le maintenir dans cet état pendant tout le temps qui sera jugé nécessaire. Il devra être serré avec des écrous qui, rendant l'adhérence des parties plus parfaite, s'opposent au relâchement des parois en présence, et empêchent par conséquent la sortie de l'air contenu dans la cale. En résumé, on doit chercher à emprisonner, le plus complètement possible, l'air dans la cale, et parer, autant que faire se pourra, à l'inconvénient qui résulterait de son écoulement par un orifice quelconque, par les fentes, fissures ou pores qui pourraient se trouver dans le pont ou dans les parois latérales du navire, situées en dessus de la surface de flottaison moyenne.

2° Un tambour sera construit de manière à permettre aux hommes de l'équipage de descendre dans la cale, sans que l'air contenu dans cette cavité puisse s'échapper.

La disposition suivante nous semble devoir remplir les conditions nécessaires pour obtenir ce résultat. Une caisse en tôle de 1 mètre 60 centimètres de hauteur, assez grande pour contenir de 2 à 8 hommes, suivant les bâtiments, sera établie sur une partie quelconque du bâtiment, au besoin même, pour ne pas faire de nouvelles ouvertures, au travers du pont; elle sera adaptée aux écoutilles, et pourra se fixer, s'enlever ou rester à demeure à volonté, une fois le chargement du navire opéré. Elle sera munie de deux portes assez solides, comme le reste du tambour, garnies dans tout leur pourtour d'une bande de cuir ou de gutta-percha qui doit s'appliquer contre les montants ; pour que le contact soit plus intime, on serrera avec des écrous, toujours dans le but d'isoler l'air du dehors d'avec celui qui est contenu à l'intérieur du navire, dans la cale.

Il est bien entendu que ce tambour, placé sur les écoutilles, dispense de placer le couvercle, attendu qu'il doit remplir le même but.

Une des portes sera placée en regard de la cale , et l'autre de la partie supérieure du navire ; par conséquent elles ne devront pas se trouver dans un plan horizontal. L'utilité de ces portes est la suivante : un, deux ou plusieurs hommes , après avoir ouvert la première porte, entreront dans le tambour, fermeront cette porte hermétiquement, puis ouvriront la deuxième et descendront dans la cale, après quoi, ils refermeront cette dernière. On comprend que dans ce mouvement, exécuté par un plus ou moins grand nombre de personnes, il n'y ait pas eu communication entre l'air contenu au dedans et celui qui se trouve au dehors. Nous notons en ce moment ce fait, dont nous ferons bientôt mieux sentir l'importance en indiquant les résultats qu'il peut faire obtenir.

On pourra successivement faire descendre, au besoin , beaucoup de monde de cette manière , sans perdre l'air contenu dans la cale. Pour remonter sur le pont, il est évident qu'on devra faire la même manœuvre pour les portes, mais en sens inverse.

3° Dans l'épaisseur du pont on installera un tube, ouvert à ses deux extrémités et fermé par un robinet qui permettra d'établir ou de supprimer la communication entre l'air contenu dans la cale et celui du dehors. Bientôt nous expliquerons l'utilité de ce tube, ainsi que celle des instruments dont la description va suivre.

4° Un manomètre , instrument destiné à faire connaître la pression que supportent les gaz, devra être disposé de manière à ce qu'il soit permis de lire facilement les degrés de pression que l'air intérieur aura en excès sur celui de l'atmosphère.

5° Un tube traversant le pont, fermé à sa partie contenue dans la cale par une soupape s'ouvrant de haut en bas de telle sorte que dès que la pression

qui agit sur la soupape pour la faire descendre, cesse
son action, la soupape remonte et vienne fermer l'extrémité du tube dont le conduit intérieur varie de 1
à 4 centimètres carrés, suivant la grandeur des navires. A la partie du tube située sur le pont s'adapte
un tuyau mis en communication avec un ventilateur qui peut être mobilisé ou placé à demeure.
Tous les ventilateurs ne remplissent pas les conditions exigées pour produire les effets que nous voulons obtenir. La vis pneumatique, les soufflets, peuvent être suffisants pour les très-petits navires; mais
comme nous voulons, pour ne pas entrer dans de
trop longs détails, n'accepter qu'un ou deux ventilateurs, capables de servir dans tous les cas, nous
n'indiquerons que la pompe à rotation à air et la
pompe foulante à air ou à compression. Nous ne dé-
crirons même que cette dernière, attendu qu'elle
remplit toutes les conditions désirables, et que c'est
un appareil simple.

La pompe foulante à air dont nous nous servons,
consiste en une partie cylindrique creuse, de dimensions variables, dans laquelle se meut, à frottement, un piston présentant une surface propor-
tionnellement beaucoup plus étendue que celle des
pistons des pompes destinées à élever des liquides.
Le piston, à son pourtour, est garni d'étoupes qu'on
aura soin de tenir humectées. L'air ne doit passer
qu'avec beaucoup de difficulté entre le piston et les
parois du corps de pompe. Celui-ci se terminera
inférieurement par un conduit fermé par une soupape s'ouvrant de haut en bas comme celle du tube
dont nous venons de parler. La capacité du corps
de pompe sera de plusieurs hectolitres pour les
grands bâtiments, et de 40 à 50 litres seulement
pour les petits navires. La hauteur du corps de
pompe doit être peu considérable, 1 mètre au plus,

tandis que son diamètre horizontal pourra être beaucoup plus grand. L'admission de l'air dans le corps de pompe pourra se faire de deux manières : ou par une ouverture placée un peu plus bas que le haut de la course du piston, ouverture faisant communiquer l'air extérieur avec le corps de pompe, ou mieux, on pratiquera dans l'épaisseur du piston un conduit fermé par une soupape placée à l'orifice inférieur de ce conduit, et s'ouvrant comme celles dont nous avons déjà parlé, de haut en bas.

Quand on manœuvrera le piston de bas en haut, le vide tendra à se former dans le corps de pompe ; le poids de la colonne atmosphérique venant à peser sur la soupape, la fera descendre, et alors l'air du dehors se précipitera dans le cylindre, les deux autres soupapes des tuyaux resteront fermées. Quand le piston effectuera sa course de haut en bas, l'air du cylindre se comprimera, sa pression deviendra supérieure à celle de l'atmosphère, alors la soupape s'appliquant contre l'orifice inférieur du conduit du piston, le fermera ; la soupape qui se trouve au bas du cylindre cèdera à la pression de l'air comprimé au-dessus d'elle, s'abaissera et donnera passage à cet air qui s'écoulera dans les tuyaux jusqu'à ce qu'il ait rencontré la soupape du tube, qui, cédant à son tour sous l'effort de la pression exercée par l'air comprimé, s'ouvrira pour laisser passage à cet air, qui pénétrera ainsi dans la cale du navire.

Dans le mouvement inverse du piston, les deux soupapes du tube et du tuyau se fermeront et celle du piston s'ouvrira de nouveau sous la pression de l'air du dehors, plus pesant que l'air raréfié du cylindre, et ainsi de suite pour le mode de fonctionnement de cet appareil.

Nous avons dû choisir la pompe à un point de vue économique ; car il est possible d'utiliser les pompes aspirantes et foulantes qui se trouvent sur tous les navires, en y apportant les modifications nécessaires pour leur nouvel emploi. Nous devons prévenir nos lecteurs que nous supprimons presque en totalité les pompes aspirantes, dont le règne n'a été que trop long pour la marine.

Quand nous établirons un parallèle entre le travail effectué par les pompes foulantes à air et celui produit par les pompes aspirantes et foulantes, nous pourrons voir quelle énorme différence de travail il y a entre l'un et l'autre moyen.

Les tuyaux qui établissent la communication entre le tube et le corps de pompe peuvent être en caoutchouc, métal, cuir, gutta-percha, de sorte qu'on peut même obtenir les résultats alors que le corps de pompe se trouverait à terre ou sur un autre navire.

Nous reviendrons sur ce fait quand nous parlerons de l'application à propos des navires coulés.

6° Dans la partie la plus inférieure du bâtiment, à fond de cale, près du pied du grand mât, on pratiquera, dans toute l'épaisseur du navire et de la quille, soit perpendiculairement, soit suivant une inclinaison légère de l'avant à l'arrière, une ouverture destinée à établir une communication directe entre la cale et l'eau de la mer. Cette ouverture, présentant une forme conique, sera en totalité garnie par un manchon en cuivre ou en zinc, ayant même forme, et rendu fortement adhérent avec le bâtiment de manière à boucher l'ouverture par sa face extérieure et à faire corps avec lui au moyen de vis et d'écrous qui fixeront très-solidement ce manchon dans l'espèce de gaîne de bois dans laquelle il se trouvera comme emboîté.

Ce manchon présentera deux orifices d'inégale section à chaque extrémité de son conduit, qui aura, par conséquent, la figure d'un cône creux; l'orifice supérieur ayant un diamètre plus grand et celui placé en regard de la mer ou l'inférieur, mesurant un diamètre moindre.

Un piston plein, de forme conique, muni d'une tige en fer, pourra, suivant les dispositions les plus convenables, s'élever ou s'abaisser. La fonction de ce piston est de fermer ou de laisser ouverts les deux orifices du manchon, par conséquent de permettre la communication de l'intérieur du bâtiment avec l'extérieur par le fond, ou de la supprimer à volonté. Une fois abaissé, le piston, garni de cuir, d'étoupes ou de gutta-percha, doit fermer exactement l'ouverture et servir de bouchon. La tige pourra traverser le pont à frottement doux dans une gaine de cuir ou d'étoupes, pour qu'il soit permis aux marins qui sont sur le pont de manœuvrer cet instrument tout aussi bien qu'à ceux qui peuvent être dans la cale.

Nous allons indiquer quel est le mode de fonctionnement de cet appareil important, et dire quel parti on peut en retirer dans les différents cas de sauvetage. Auparavant, nous croyons qu'il est utile de ne pas laisser à la disposition de tous la faculté de se servir de cet instrument, qui, entre des mains inhabiles ou mal intentionnées, peut devenir tout aussi bien une cause de perte du navire qu'une chance assurée de salut dans la plupart des cas. Il est donc utile que celui qui commande le navire règle d'une manière intelligente son emploi, et prévienne les abus qui pourraient résulter d'un abandon inconsidéré entre les mains de l'équipage, de cet instrument que nous croyons être une arme à deux tranchants, bonne pour se défendre, mais avec laquelle il ne faut pas jouer.

DES MANŒUVRES

QUE L'ON DOIT EXÉCUTER DANS LES DIFFÉRENTS CAS DE SAUVETAGE.

Nous avons vu, dans le chapitre précédent, quels sont les appareils et les conditions nécessaires pour arriver au résultat que nous nous proposons d'obtenir :

1° La cale doit être convertie en cavité close par le haut ;

2° Etablissement d'un tambour fermé par deux portes ;

3° Un tube d'écoulement pour faciliter le passage de l'air contenu dans la cale, au travers du pont ;

4° Un manomètre ayant pour but d'indiquer la pression au dedans ;

5° Un tube traversant le pont, et une pompe foulante à air ;

6° Une ouverture de forme conique, bouchée par un piston, donnant, au besoin, passage à l'eau de la mer qu'on peut faire arriver dans la cale.

Ceci étant connu, disons quelles sont les différentes applications qu'on peut retirer de l'emploi de ces moyens. Les principales sont les suivantes, que nous indiquerons d'abord et que nous analyserons ensuite successivement.

1° On peut rendre tout navire insubmersible, malgré l'établissement d'une voie d'eau, quelle que soit sa grandeur du reste. L'économie du travail sur les moyens employés jusqu'à ce jour peut être évaluée à mille fois au moins ; c'est-à-dire, qu'un homme peut produire autant de travail utile que mille hommes employés à retirer, avec des pompes, l'eau qui pénètre par la voie dans la cale du navire.

2° On peut retirer un navire coulé sur des hauts fonds, quand il se trouve dans les conditions mentionnées plus haut; deux ou trois hommes suffisent pour le remettre à flot, après un travail qui varie entre quelques minutes et quelques heures.

3° Empêcher qu'un navire ne se brise à la côte, en le faisant couler sur un haut fond, le retirer ensuite dès que le gros temps est passé.

4° S'opposer à ce qu'un navire qui s'est couché sur le flanc, sombre ou coule, surtout ceux qui naviguent sur lest.

5° Eteindre l'incendie quand il se déclare dans la cale.

6° Faire disparaître la plupart des épidémies à bord par l'emploi d'un nouveau mode de ventilation que nous pourrions appeler *per descensum*, parce que l'air a son mouvement du haut du navire vers le bas, partie par laquelle il s'écoule en entraînant avec lui dans la mer les miasmes délétères du choléra, de la peste, de la fièvre jaune, etc.

Ces applications, comme nous allons le voir, nous permettent de faire abaisser le taux de l'assurance maritime, de réaliser de meilleures conditions pour l'existence à bord des bâtiments, de diminuer la mortalité des marins et des passagers pour cause de maladies ou de naufrage.

Nous espérons qu'une fois notre système connu et mis en application, les quarantaines n'auront plus leur raison d'être, par conséquent, économie de temps, c'est-à-dire d'argent. Nous avons la conviction qu'on peut réduire de dix à un les pertes de navires occasionnées par submersion, incendie, bris et échouage, par conséquent économie d'argent.

Nous n'avons pas la prétention de croire que toutes ces applications puissent remplir toutes les conditions dans tous les cas de sauvetage. Nous ne nous dissimulons pas non plus que nous aurons à vaincre bien des préjugés, bien des craintes, avant de voir notre système utilisé dans tous les cas où il peut rendre des services. Le temps et l'expérience, nous n'en doutons pas, sont indispensables pour sanctionner les résultats; il nous suffit qu'il soit appliqué dans quelques cas essentiels, pour que nous pensions avoir rendu à l'humanité un des services les plus signalés.

Sans contredit l'application la plus importante de notre système est celle qui permet de rendre les navires insubmersibles.

I. Quelles sont les manipulations auxquelles on doit avoir recours quand une voie se déclare dans un bâtiment?

1° Il faut avoir soin de fermer les écoutilles et toutes les autres ouvertures, de manière à isoler l'air contenu dans la cale; dès que l'air ne pourra plus s'échapper, l'eau ne montera plus, au moins, au-dessus du niveau de l'orifice intérieur de la voie.

2° Il faudra mettre en mouvement la pompe foulante, qui accumulera dans la cale une quantité d'air assez grande pour chasser l'eau en la repoussant de haut en bas.

3° Des hommes se rendront dans la cale en passant par le tambour, et s'empresseront de boucher l'ouverture qui donne passage à l'eau. La voie, nous l'avons déjà dit, est à découvert parce que l'air, refoulant l'eau, l'oblige de sortir par l'orifice qu'elle avait franchi. Rien ne s'oppose donc à ce qu'on puisse travailler à réparer les avaries, puisque les ouvriers employés à ce travail sont dans l'air; la seule cause qui pourrait les influencer, ce serait la compression plus grande de l'air, mais cette question est jugée, attendu que dans un navire la pression ne peut jamais dépasser deux tiers d'atmosphère, et qu'il est prouvé que des hommes peuvent vivre et travailler sous une pression de trois et même quatre atmosphères. (Pont du Rhin, les pêcheurs de perles). On peut même aller bien au-delà, car on connaît des poissons qui vivent dans la mer à une profondeur de plus de trois cents pieds, ce qui équivaut à une pression de dix atmosphères. Le poisson placé dans l'eau se trouve dans son élément de la même manière que l'homme dans l'air, ses chairs ne sont pas plus aptes à supporter une pression considérable que celle de l'homme. Rien donc, nous le disons de nouveau, ne s'oppose à ce qu'on répare les avaries. C'est là un précieux avantage que n'a pu fournir aucun des systèmes connus jusqu'à ce jour, et dont l'utilité sera, nous n'en doutons pas, vivement sentie par les hommes de mer.

Une fois l'avarie réparée, et la voie suffisamment bouchée, on soulèvera le piston conique dont nous avons parlé, après avoir toutefois consulté le manomètre ; alors, en continuant le jeu de la pompe, on fera baisser le niveau de l'eau dans la cale, jusqu'à ce que les dernières portions de liquide se soient écoulées par cette ouverture que nous avons dit devoir être pratiquée dans toute l'épaisseur de la paroi inférieure du navire, y compris la quille. Dès que l'eau aura disparu, on abaissera le piston, on cessera le jeu de la pompe, et tout rentrera dans l'état ordinaire. La rapidité avec laquelle l'air peut être introduit, peut sembler extraordinaire, mais le fait paraîtra moins étonnant, si on prend garde que les effets produits par les forces sont proportionnels aux poids des corps: l'air pesant 770 fois moins que l'eau, peut, dans certains cas, se mouvoir 770 fois plus vite que l'eau. De là cette vitesse si considérable, et par contre le peu de temps qu'il faut pour vider l'eau d'un bâtiment. Si nous voulons comparer d'une manière approximative le travail exécuté par la pompe à air et celles à eau, nous verrons que tout l'avantage est pour la première. Nous croyons devoir nous livrer à l'examen du mode d'action de ces deux appareils, pour établir leur valeur réciproque.

Nous avons vu que toutes les fois qu'on presse une masse gazeuse sur un de ses points, il y a immédiatement transmission de la pression à toute la masse, et que la répartition se fait avec une grande vitesse. Si par conséquent on abaisse le piston dans le corps de la pompe à air, on aura une compression qui amènera le rapprochement de toutes les molécules gazeuses de l'air. On pourra considérer cette compression comme étant uniforme dans toute la cavité du corps de pompe, parce que le poids de cette colonne est négligeable, attendu le peu de densité de l'air. On aura donc, pour la pompe foulante à air, à vaincre deux résistances principales : 1° la résistance à la pression exercée sur la masse ; 2° celle due au frottement du piston contre le corps de pompe. Mais il n'en est plus de même pour les liquides ; quand on veut élever une masse d'eau au moyen, soit de la vis d'Archimède, soit d'une pompe ou de toute autre machine élévatrice, il faut tenir compte du poids et de la hauteur de ces liquides.

La physique et la mécanique nous apprennent que la quantité de travail nécessaire pour élever une certaine masse d'un liquide à une hauteur donnée, s'obtient en multipliant le poids de ce liquide exprimé en kilogrammes par la hauteur à laquelle il doit être élevé, évaluée en mètres. Ce nombre ainsi obtenu indique quelle est la quantité de travail moteur qui doit être développé, sur une machine

quelle que soit sa nature, pour effectuer le travail
nécessaire à cette élévation, en tenant compte toutefois des pertes de travail utile que cette machine é-
prouve pendant qu'elle fonctionne.

En résumé, nous dirons que le travail moteur
croît, comme le chemin parcouru, par le point d'application de la résistance. Partant de cette donnée,
si nous supposons qu'il se déclare une voie d'eau
d'un décimètre carré d'ouverture, et que la paroi
du bâtiment ait 40 centimètres d'épaisseur, la vitesse d'introduction du liquide sera d'autant plus
grande que la voie sera située plus bas au-dessous
de la surface libre du liquide. Supposons en outre
qu'on veuille épuiser l'eau que fournit cette voie, et
que pour vider le liquide on ait à l'élever à 8 mètres
au-dessus de l'orifice, le travail sera déjà 20 fois
plus grand, puisque 8 mètres contiennent 20 fois
40 centimètres, ou autrement dit, en supposant, ce
qui n'est pas, qu'on élève l'eau dans un corps de
pompe avec une vitesse égale à celle de son introduction par la voie, et que le corps de pompe ait un
décimètre carré en surface, il faudrait 20 fois plus
de travail, puisque la distance à parcourir est 20
fois plus grande. En outre, le poids de la colonne
d'eau qui est de 8 mètres, produit sur l'eau qu'on
doit élever une pression de 80 kilogrammes ; cette
pression nuit essentiellement à la vitesse. La théorie indique des résultats de beaucoup supérieurs à
ceux que fournit la pratique. Les pertes de travail
utile dans les pompes aspirantes, comme dans toutes
les machines à élever les liquides, réduisent ce travail aux deux tiers. De plus, comme ce travail, dans
les circonstances ordinaires, exige un grand nombre
de bras, il y a une grande quantité de force perdue,
premièrement à cause du défaut de simultanéité
dans les mouvements, et ensuite parce que la force

ne peut être appliquée à l'extrémité des leviers qui mettent en mouvement les pistons. C'est là une dépense considérable de la force développée, qui entraîne une déperdition notable du travail moteur. Les pertes dont nous venons de parler ne sont, du reste, pas les seules; nous noterons les suivantes comme étant les plus remarquables; elles sont dues: 1° à l'espace nuisible; 2° aux frottements du piston contre le corps de pompe et contre le liquide; 3° au renversement du mouvement du piston aux deux extrémités de sa course; 4° à la vitesse inutile que le liquide possède à sa sortie du conduit d'écoulement; 5° à la résistance qu'offrent les soupapes ou clapets; 6° à l'action de la pression atmosphérique qui agit à un moment donné et tend à détruire l'aspiration dans le corps de pompe, etc., inconvénients et pertes qu'on ne rencontre pas dans la pompe foulante à air.

En supposant que toutes ces pertes rendent la vitesse ascensionnelle dans le corps de pompe 5 fois moindre que par la voie, on aura 20 multiplié par 5 égalant 100. Ce qui revient à dire que, pour vider l'eau qui entre dans une seconde, par exemple, par une voie d'un décimètre carré, il faudra des corps de pompe d'un mètre carré. Si on veut avoir le rapport d'une pompe à l'autre, il faut, comme nous l'avons dit précédemment, multiplier ce résultat par 27 environ, qui est le produit de la vitesse d'écoulement de l'air comparée à celle des liquides. Nous aurons donc 2,700 fois plus de travail. Mais dans un cas, l'eau rentre à mesure qu'on l'enlève, et il faut souvent retirer dix fois plus d'eau qu'il n'y en a dans la cale pour épuiser une voie. Nous savons que l'eau ne rentre plus, au contraire, dès qu'on y refoule de l'air; il faut donc multiplier 2,700 par 10, ce qui donne 27,000 fois plus de travail en employant la pompe foulante à air. Ces données ont à subir quelques corrections, mais elles diminuent peu les résultats obtenus. On peut voir par là que nous avions raison de dire que le travail utile développé, pour rendre insubmersible un navire, est, d'après notre manière de procéder, mille fois supérieur à celui obtenu par les moyens employés jusqu'à ce jour.

II. Dans le cas où un navire est coulé sur un haut fond, si on a eu soin de fermer hermétiquement le pont de la cale et d'adapter un tuyau en gutta-percha au tube n° 5, assez long pour que son extrémité supérieure puisse surnager, étant attaché à une bouée, on concevra que si on visse à la partie inférieure du corps de pompe l'embout qui doit le terminer, il est facile alors de pousser jusque dans l'intérieur de la cale de l'air en quantité suffisante pour pouvoir chasser toute l'eau qui aurait pu s'introduire dans ce compartiment, soit par une voie d'eau accidentelle, soit par l'ouverture du n° 6 si on a soulevé le piston. L'effort à déployer pour obtenir ce résultat est, nous l'avons vu, en rapport avec la profondeur à laquelle le navire se trouve situé en dessous de la surface libre du liquide. A mesure que l'air viendra remplacer l'eau, le navire se soulèvera comme nous l'avons vu dans l'expérience faite sur une futaille, et finira par flotter entièrement; c'est alors qu'il sera utile de prendre des précautions que nous avons indiquées et dont nous laissons le discernement, suivant les différents cas, à la sagacité des hommes intelligents qui dirigeront ces opérations de sauvetage.

III. Quand un conseil tenu à bord aura décidé que la perte d'un navire est certaine parce qu'il va être jeté sur des brisants, voici ce que nous croyons devoir indiquer comme un sûr moyen d'opérer son salut si on trouve un haut fond. Dès qu'on sera ar-

rivé à une certaine distance de la côte, on fera plus
ou moins rapidement couler le navire en soulevant
le piston qui ferme l'ouverture inférieure, et en
ouvrant le robinet du tube n° 3. A mesure que le
navire prendra plus d'eau par suite de l'écoulement
de l'air, on jettera l'ancre; on adaptera au tube n°
5 le tuyau en gutta-percha, puis, après avoir pris
toutes les dispositions les plus convenables pour
que l'équipage puisse gagner la côte, on finira de
faire couler le navire en ayant soin toutefois de
refermer le robinet du tube n° 3, ce qui pourra
s'effectuer de deux manières, soit directement, soit
au moyen d'une chaîne qui viendra se terminer à la
bouée indicatrice de la position du navire coulé.
On peut, à l'aide d'un mécanisme des plus simples,
arriver à fermer ce robinet; car il suffira, par
exemple, d'opérer une traction sur un de ses bras
de levier pour fermer l'ouverture par laquelle l'air
s'écoulait. Le piston doit rester soulevé. Il est un
fait trop connu pour que nous le discutions, c'est
que les flots roulent sur la surface de l'eau, et que
l'eau est loin d'avoir un mouvement aussi prononcé
à une certaine profondeur qu'à la surface; si même
on va jusqu'à 40 mètres de profondeur, l'eau est à
peu près immobile.

Il suit de là que, quand un navire est coulé, la
force d'entraînement se fait bien moins sentir, et
cela pour les raisons suivantes : l'eau qui a été introduite doit être entraînée avec lui dans son mouvement, ce qui exige un certain développement de
force; le vent qui agissait sur lui comme il agit sur
les vagues qu'il forme et qu'il soulève, n'a plus
d'effet, et cet effet annihilé, il n'y a plus de tendance au mouvement par suite de la suppression de
la cause génératrice de l'effet; l'ancre finit de vaincre tout à fait la puissance motrice par sa résistance
aux déplacements.

Il sera donc possible de relever ce navire coulé dès que le calme se sera rétabli ; pour cela, il suffira d'embarquer dans un canot la pompe foulante à air, d'adapter à son conduit inférieur le tuyau de gutta-percha, de refouler l'air, ce qui, au bout d'un certain temps, déterminera l'ascension du navire.

Dans d'autres cas, il serait même possible de faire couler à une petite distance d'une côte tout un équipage avec le navire lui-même ; pour lui enlever sa vitesse acquise et éviter qu'il ne se brise sous l'influence du choc énorme qui se produit au moment où il vient toucher, on ferait à peu près ce qui se pratique pour les convois de chemin de fer quand on veut arrêter à une station. On supprime la force motrice à une certaine distance, et l'espace restant à parcourir est franchi en vertu de cette vitesse acquise qui va en s'anéantissant jusqu'au moment où il y a arrêt dans le mouvement.

Quoique cette manière de voir puisse paraître extraordinaire et exagérée, elle est cependant capable d'amener un sauvetage à bien, si on prend garde que l'air contenu dans le bâtiment peut entretenir la vie des hommes pendant des jours sans être renouvelé, et qu'en outre il est possible d'aller chercher de l'air au dehors, à l'aide d'un tube en gutta-percha ou de boyaux de pompe fixés à la partie supérieure du cylindre de la pompe foulante, et assez longs pour que leur extrémité supérieure, fixée à une bouée, flotte au-dessus de la surface du liquide et permette d'aller puiser de l'air dans le grand réservoir.

Mieux vaudrait employer ce moyen que de courir les chances d'une perte certaine. Du reste, nous pensons que le temps viendra confirmer nos prévisions.

7

IV. Le lecteur comprendra facilement qu'on puisse s'opposer à ce qu'un navire qui s'est couché sur le flanc coule ou sombre, car nous avons déjà démontré que, du moment que l'eau n'a pas d'issue pour se jeter dans le navire, la densité de ce dernier est trop faible pour qu'il puisse gagner le fond. Il suffira donc d'avoir avant fermé les écoutilles et autres ouvertures, pour qu'il soit dans l'impossibilité de couler; s'il chavirait complétement, au contraire, nous n'aurions pas de moyens pour garantir son salut; mais, comme nous l'avons fait remarquer, les voiles, les mats, les vergues, le soutiennent assez longtemps sur le flanc pour qu'il soit possible de le faire tourner sur lui-même du moment que l'eau ne s'introduit pas. Dans ce cas, c'est-à-dire lorsque le vent vient frapper sur le pont au lieu d'exercer son action sur le flanc, il y a une tendance de la part du vent à le relever, et une lame un peu forte peut le ramener dans sa position d'équilibre en venant se briser sur le pont; car l'effort combiné du choc et du poids de l'eau est favorable pour opérer son redressement.

Il est toujours de la dernière imprudence de s'embarquer avec trop peu de lest : la police maritime est assez bien faite à cet égard dans les grandes puissances, mais malheureusement il n'en est pas partout de même, et beaucoup d'accidents arrivent pour n'avoir pas assez bien surveillé au départ d'un port si le lest était suffisant pour conjurer le danger qui peut naître de l'inobservation de cette condition si essentielle; si un navire se trouvait dans ce dernier cas, et qu'il eût reçu l'application de notre système, il devrait laisser embarquer une certaine quantité d'eau à l'intérieur, en vue de faire affleurer plus haut la surface de flottaison, ce qui est favorable aux navires pour les empêcher de chavirer.

V. Eteindre l'incendie quand il se déclare dans la cale. Trop souvent les journaux annoncent que des navires ont péri par le feu, que l'incendie, après s'être déclaré dans une des soutes, s'est propagé avec rapidité au reste du bâtiment, sans que les moyens mis en œuvre pour combattre ce fléau destructeur aient pu aboutir à un succès. Nous n'avons rien à changer aux dispositions qui sont prises lorsque l'incendie éclate sur le pont, mais il n'en est pas de même lorsque les parties profondes sont le point de départ de l'incendie. Les causes qui peuvent occasionner les accidents dont nous nous occupons sont très-variées ; l'imprudence vient en premier lieu, mais il est d'autres causes dont l'action est d'autant plus à craindre que les phénomènes en sont plus cachés. La fermentation, par exemple, opère silencieusement entre les molécules des diverses matières des transformations accompagnées d'un développement de chaleur, assez considérable quelquefois, pour donner naissance à la production de la flamme ; exemple, le foin retiré, mouillé et tassé.

Des matières analogues pour produire les mêmes accidents peuvent se rencontrer dans les navires. Les charbons jouissent plus ou moins de la propriété d'absorber des gaz : un décimètre cube de charbon de bois, éteint sous le mercure, peut condenser dans ses pores 90 litres de gaz ammoniac ; il absorbe les autres gaz en quantité moindre, par le seul fait de cette condensation. Le charbon jouit de la propriété de développer la force chimique que Berzélius appelle calalytique, et qui consiste à faire combiner entre eux des corps à la température ordinaire, bien que leur combinaison exige, dans tous les autres cas, l'intervention d'une température fort élevée. Le propre de la combinaison chimique est de développer beaucoup de chaleur, et elle peut être assez forte pour produire la combustion des matières environnantes, aussi bien que celle des corps qui se combinent entre eux. Bien des incendies en mer se sont déclarés, qui ne reconnaissent pas d'autre cause que celle-là.

Il nous suffira d'avoir donné une idée de la manière dont peuvent se manifester de pareils accidents, pour faire comprendre que leur fréquence est plus grande qu'on ne le suppose généralement, parce que les mouvements intimes se font d'une manière mystérieuse dans la matière , sous l'influence des agents.

Le mécanisme pour éteindre l'incendie consiste à fermer hermétiquement la cale, à soulever le piston qui ferme l'ouverture située dans la partie la plus inférieure du navire, puis à ouvrir le tube n° 3 pour faire écouler l'air ; l'eau montera par l'ouverture conique, puis remplira le fond de cale et continuera à s'élever à mesure que l'air, en s'écoulant par le tube, lui cédera la place. La densité spécifique moyenne du navire deviendra plus grande, par conséquent il s'enfoncera. On le fera ainsi descendre dans l'eau , jusqu'à ce que le liquide ait atteint le foyer de l'encendie. Il est nécessaire de surveiller d'une manière convenable les différentes phases de cette opération, et de se tenir prêt à fermer le tube d'écoulement, ainsi qu'à pousser de l'air dans la cale au moyen de la pompe foulante.

Le moment où on doit être le plus attentif à observer les phénomènes qui se produiront, est celui où l'eau, arrivant sur le feu, une certaine quantité de ce liquide passe à l'état de vapeur, chasse par sa force d'expansion une quantité plus considérable d'air, et se condense en présence de l'eau non échauffée. Cette condensation trop brusque , si on n'était pas prévenu, pourrait déterminer une ascension rapide

de l'eau dans la cale et un abaissement trop considérable du navire. Nous disons trop considérable, parce qu'il serait inutile et nuisible même,
si le navire se trouvait être trop chargé. A l'aide
d'une surveillance intelligente, on peut donc très-
vite se rendre maître du feu, justement dans les cas
où on se trouve actuellement fort embarrassé avec
les pompes à incendie, car les voies d'eau se produisent souvent malgré leur emploi. Du reste, les
hommes se trouvent souvent dans l'impossibilité de
savoir où le feu tient, par suite de la fumée qui se
produit en abondance, et de la chaleur développée
par le foyer, qui les oblige à chercher un refuge
ailleurs que là, où ils pourraient être d'une grande
utilité.

VI. Pour faire disparaître la plupart des épidémies à bord, il suffira de fermer exactement toutes
les ouvertures, puis de soulever le piston qui ferme
l'ouverture conique placée au fond de la cale. On
consultera le manomètre, et dès qu'on verra que la
pression de l'air intérieur égale celle de celui du
dehors, on fera manœuvrer la pompe foulante à
air. A mesure que l'air sera introduit, l'eau sera refoulée par le fond ; puis viendra le tour de l'air dont
les couches abaissées finiront par traverser l'ouverture conique. On verra cet air remonter le long des
bords du navire sous forme de bulles, assez grosses
pour produire un bouillonnement considérable.

L'air contenu dans la partie inférieure du bâtiment, dans les ballots, les caisses, les pores des matières situées inférieurement, sera obligé de céder
la place aux nouvelles molécules qui presseront
sur lui. Celui qui aura été introduit par la pompe,
chassera de haut en bas l'air qui se trouvait primitivement contenu dans la cale, et cet air entraînera,
dans son mouvement descendant, les vapeurs lour-

des, les miasmes, les effluves, les émanations, les produits gazéiformes de la décomposition des matières en fermentation et de celles qui se putréfient, des virus même, toutes choses qui amènent des viciations de l'air plus au moins funestes à la santé des équipages, tous ces corps, en un mot, qui sont trop pesants pour que les courants établis par la ventilation ordinaire puissent les soulever assez haut pour les faire sortir des bâtiments. Ces matières révèlent pour la plupart leur présence par une odeur particulière et nauséabonde.

Nous croyons devoir nous abstenir d'entrer dans de grands détails pour prouver que la plus grande partie des épidémies doivent leur puissance destructive à des principes matériels, parfois très-probablement organisés, puisqu'ils ont la faculté de se reproduire et de se multiplier dans un grand nombre de cas, de se communiquer d'un individu à un autre, soit par inoculation, soit par contagion, soit par infection. Pour l'intelligence de la question dont nous parlons, nous croyons devoir définir, au point de vue médical, les trois expressions ci-dessus. Inoculer c'est introduire un principe nouveau dans un organisme en le mettant, à l'aide d'un instrument, en contact avec le sang. Par contagion on entend la même chose, mais sans qu'il soit besoin de s'aider d'un instrument, sans qu'il soit besoin de mettre le principe nouveau en rapport avec le sang; le simple contact suffit pour produire cet effet. Quant à l'infection, le contact même n'est plus nécessaire pour amener l'introduction du principe délétère, l'air est ordinairement le véhicule qui effectue le transport de ces agents redoutables qui peuvent être ainsi transportés par les vents à des distances considérables. Le plus souvent des épidémies se déclarent à bord des bâtiments, parce que la ventilation actuelle ne peut pas purger les navires et les matières qu'ils contiennent de ces principes méphitiques. Ces épidémies ne font que s'accroître, et les navires atteints par le fléau vont transporter, dans d'autres contrées saines, ces ennemis d'autant plus terribles qu'ils sont invisibles, invincibles, et qu'ils sèment sur leur passage l'épouvante et la mort.

Nous classerons, d'après la définition que nous venons de donner plus haut, les différentes épidémies qui peuvent se déclarer ou régner à bord d'un navire, en trois catégories, suivant que le principe morbide est transmis à l'homme d'une de ces trois manières. Nous indiquerons en même temps celles qui ont plusieurs modes de transmission.

1° Par inoculation : variole, pourriture d'hôpital, peste ; 2° par contagion : variole, pourriture d'hôpital, peste, etc. ; 3° Par infection ou transport par l'air : variole, pourriture d'hôpital, peste, choléra, fièvre jaune, fièvre typhoïde, typhus, dyssenterie, fièvre miliaire, rougeole, scarlatine, méningite-cérébro-spinale, fièvres intermittentes, remittentes, etc., provenant d'un principe délétère répandu dans l'air. Le scorbut même, à quelques égards, peut être aussi considéré comme infectionnel, quoique ce mode de transmission soit douteux. Les fièvres intermittentes et remittentes ne sont pas, ainsi que la méningite, transmissibles d'un individu à un autre ; des conditions générales semblent, dans ces dernières maladies, avoir beaucoup plus d'importance que les influences particulières.

Il est facile de voir, d'après le tableau ci-dessus, que la plupart des épidémies se propagent par l'air. Les foyers producteurs des virus, comme dans la variole, la peste, la pourriture d'hôpital, la dyssenterie, fournissent aux corpuscules qui voyagent dans l'air, la matière qui , absorbée par un organisme, doit l'infecter entièrement et déterminer la production de nouveaux foyers qui deviendront à leur tour infectants.

C'est donc en renouvelant un grand nombre de fois tout l'air contenu dans les parties inférieures d'un navire, par les moyens que nous venons d'indiquer, qu'on pourra se soustraire à l'influence pernicieuse de ces agents de mort et de désolation.

Il n'y aura plus de raison pour maintenir les quarantaines, puisque sur l'eau de la mer il n'existe pas d'élément qui favorise la reproduction de ces principes et que la petite quantité qui pourrait y être amenée accidentellement est bientôt détruite, faute de pouvoir se soutenir dans l'air au-dessus de cette eau à cause de sa densité plus grande qui l'entraîne dans le liquide, où ses propriétés léthifères finissent par se perdre entièrement.

Il nous est donc permis de dire : plus de principes pour entretenir les épidémies , par conséquent plus de *quarantaines.*

RÉSUMÉ

DU MODE DE FONCTIONNEMENT DANS LES DIFFÉRENTS CAS DE SAUVETAGE.

1° *Pour rendre les navires insubmersibles, lorsqu'il s'établit une voie,* — fermer hermétiquement les ouvertures du pont, pousser de l'air à l'aide de la pompe à compression jusqu'à ce qu'il commence à sortir par l'orifice de la voie ; faire descendre des hommes pour réparer l'avarie ; déboucher ensuite l'ouverture de forme conique située à fond de cale ; continuer à pousser de l'air jusqu'à ce que toute l'eau soit refoulée dans la mer et que l'air sorte à son tour par cette ouverture.

2° *Pour retirer les navires coulés sur des hauts-fonds*, — à l'aide d'un conduit en gutta-percha qu'on aura laissé flotter, à l'extrémité duquel on adaptera le tuyau de la pompe foulante, pousser de l'air jusque dans la cale, après avoir eu soin de laisser ouvert le conduit inférieur, qui permettra à l'eau de s'écouler dans la mer.

3° *Pour empêcher un navire de se briser à la côte*, — le faire couler sur un haut-fonds, jeter l'ancre, marquer sa position par des bouées indicatrices, puis procéder comme dans le deuxième cas. Auparavant, on aura pris, c'est évident, toutes les précautions nécessaires pour que l'équipage et les passagers puissent gagner la terre.

4° *Pour empêcher un navire de sombrer*, — il suffit de boucher toutes les ouvertures par lesquelles l'eau pourrait entrer dans la cale.

5° *Pour éteindre l'incendie qui se déclare à fond de cale*. — La cale sera convertie en cavité close, puis on débouchera le conduit inférieur, pour que l'eau puisse monter dans la cale ; pour ce faire, on ouvrira le tube d'écoulement qui traverse le pont, et on laissera descendre dans l'eau le navire jusqu'à ce qu'elle ait éteint le foyer de l'incendie ; puis on refoulera de l'air jusqu'à ce que toute l'eau se soit retirée du navire. Il est clair qu'il faudra de prime abord fermer le tube d'écoulement.

6° *Pour faire disparaître la plupart des épidémies à bord*, — il faut premièrement pousser de l'air dans la cale, qui doit être hermétiquement fermée ; ensuite soulever le piston qui ferme le conduit inférieur ; l'air en excès passera par ce conduit et sera remplacé par de nouvelles quantités, qui feront abaisser successivement toutes les couches situées en dessous jusqu'à ce que, franchissant l'orifice inférieur de ce conduit, elles quittent le navire. Ainsi seront chassés les miasmes, etc., causes de la plupart des épidémies. Le travail du refoulement de l'air, s'il est continué pendant quelques heures, suffira pour déplacer un grand nombre de fois tout celui qui est contenu dans la cale. Nous croyons qu'avant d'entreprendre de vider cet air, après quelques coups de pompe, il sera fort utile de consulter le manomètre, qui indiquera les fuites, s'il en existe.

Nous livrons à l'appréciation du public l'importance de ces résultats, qui ne sont pas, nous le croyons, sans valeur.

40 POIRES

POUR

LES DIX MOIS DE JUILLET A MAI.

MONOGRAPHIE

DIVISÉE EN QUATRE SÉRIES DE 10 POIRES

DONT LA MATURATION S'EFFECTUE PENDANT CHACUN DES MOIS DE JUILLET A MAI;

CONTENANT

LE NOM ET LA SYNONYMIE DES POIRES,

Leur description et celle de l'arbre; le mode de culture;

L'INDICATION DE L'ORIGINE ET L'ÉPOQUE DE LA CUEILLETTE DU FRUIT,

AVEC

LA SILHOUETTE DE CHACUN,

Dessinée d'après nature et de grandeur naturelle;

SUIVIE

DE CONSIDÉRATIONS GÉNÉRALES SUR LA CULTURE ET LA TAILLE DU POIRIER,

PAR M. **P. de M***.**

(Extrait du *Sud-Est*, journal agricole et horticole).

DEUXIÈME ÉDITION

Augmentée de la Description d'une série de poires à cuire et à compote;

1 v. in-8°, imprimé avec luxe et orné de 40 figures.

Prix : 3 fr. 50

(Rendue franco à domicile.—Joindre des timbres-poste à la demande.—Affranchir.—On peut déduire les frais de poste.)

Adresser les demandes à PRUDHOMME, imprim.-éditeur, à Grenoble.